Der Naturteich im Garten

Peter Daniel Sicka

Alle Bilder, falls nicht anders erwähnt, vom Autor.

Wir danken den nachfolgend aufgelisteten Spezialisten, Firmen, Züchtern und Aquarianern für die freundliche Überlassung ihrer Dias und für ihre Beratung, auch denen, die wir eventuell vergessen haben zu erwähnen.

Gert Walter, Statteg-Hub, Graz
Dr. Uwe Römer
Frank Teigler
Frank Schäfer
Allen Mitgliedern des Vereins für Aquarien- und Terrarienkunde Hottonia e.V., Darmstadt.

Aquarium Glaser GmbH,
die uns von ihren wöchentlichen Importen immer fotogene Tiere zur Verfügung stellen.

amtra - **Aquaristik GmbH,**
für die zur Verfügung gestellten Fotobecken und Hilfsmittel zum Testen.

Tierärztliche Beratung:
Dr. med. vet. Markus Biffar,
Fachtierarzt für Fische

Haftung:
Alle Angaben in diesem Buch sind nach bestem Wissen und Gewissen niedergeschrieben.
Für eventuelle Fehler schließen die Autoren und der Verlag jegliche Haftung aus.
Jegliche Haftung und Gewähr für die in diesem Buch befindlichen Anleitungen, Vorschläge oder Rezepturen, ist seitens des Autors oder des Verlages für Personen-, Sach- oder Vermögensschäden ausgeschlossen.
Mit dem Erwerb dieses Buches erkennt der Eigentümer diesen Haftungsausschluß ausdrücklich an.
Alle Rechte vorbehalten, Reproduktion, Speicherung in Datenverarbeitungsanlagen, Wiedergabe auf elektronischen, fotomechanischen oder ähnlichen Wegen, Funk und Vortrag - auch auszugsweise nur mit ausdrücklicher Genehmigung des Verlages.

Weitere nützliche Tips und Pflegehinweise finden Sie immer in der, alle sechs Wochen neu erscheinenden ersten und einzigen internationalen Zeitung für Aquarianer AQUALOG *news*. Auch werden immer die neuesten Zuchtberichte darin veröffentlicht. Sie erscheint wahlweise in deutscher oder englischer Sprache. Sie erhalten die *news* im guten Zoofachhandel oder im Abonnement direkt vom Verlag. Fordern Sie ein kostenloses Probeexemplar an.

Die Deutsche Bibliothek - CIP-Einheitsaufnahme
AQUALOG: *Special* - Serie Ratgeber
Mörfelden-Walldorf: A.C.S.
Der Naturteich im Garten - 1999

Der Naturteich im Garten
Peter Daniel Sicka - Mörfelden-Walldorf: A.C.S.
ISBN 3-931702-90-1
NE: Sicka, Peter Daniel

© Copyright by: **AQUALOG** Verlag GmbH
Rothwiesenring 5,
D-64546 Mörfelden-Walldorf
Germany

Texte und fachliche Bearbeitung:
Peter Daniel Sicka
Index und Organisation:
Wolfgang Glaser
Redaktion:
Dipl. Biol. Frank Schäfer
Titelgestaltung:
Frank Schäfer

Druck, Satz, Verarbeitung:
Lithos: Frank Teigler/Verlag A.C.S.
Layout: Bettina Kirsch
Druck: Giese-Druck, Offenbach
Gedruckt auf EURO ART glänzend, 100% chlorfrei von PWA, umweltfreundlich.

Redaktionsanschrift:
AQUALOG Verlag GmbH
Liebigstraße 1
D-63110 Rodgau
Telefon: +49 (0) 6106 – 69 01 40
Fax: +49 (0) 6106 – 64 46 92

E-mail: acs@aqualog.de
http://www.aqualog.de

PRINTED IN GERMANY

Cover Photo: P. D. Sicka & F. Schäfer

S. 2/3: P. D. Sicka

Grafikvorlage hinterer Umschlag: Annette Frank

Inhalt

Vorstellung des Autors

Peter Daniel Sicka

Geboren im Jahr 1947, ist er in seiner Heimatstadt Darmstadt als echtes „Stadtkind" aufgewachsen. Schon als kleinen Jungen zog es ihn zum Wasser und er machte in der näheren Umgebung des Stadtrandes so ziemlich alle Teiche, Tümpel und Bäche unsicher, um nach den darin befindlichen Lebewesen zu forschen.

Jeder Stein wurde umgedreht auf der Suche nach Krebstieren oder Wasserinsekten. Auch Fische zu fangen war zu der Zeit der 50er und 60er Jahre noch keine bürokratische Staatsaffäre und die Jugend konnte noch unbekümmert mit Käscher und Fangnetz in der Gegend umher streunen. Aus seiner Sicht ist heute im Bezug auf Natur- und Umweltschutz, bei allen notwendigen und positiver Entwicklungen der letzten Jahre, vieles in überflüssiger Weise reglementiert.

Im Natur und Artenschutz ist er seit Jahren privat und in seinem Verein aktiv tätig, ohne einer der großen Umweltorganisationen anzugehören, die nach seiner Meinung zwischenzeitlich alle zu sehr ideologisch überfrachtet sind.

Es ist müßig zu erwähnen, daß er natürlich auch ein leidenschaftlicher Aquarianer und Terrarianer ist. Angefangen hat dies mit einem großen Bonbon-Glas (damals wurden Bonbons noch einzeln verkauft) als erstem Aquarium, in dem zunächst Kaulquappen und Molche beobachtet und später die ersten Aquarienfische gehalten wurden.

Die Leidenschaft der frühen Jahre für die Welt am und im Wasser hat ihn nie mehr losgelassen. Noch heute hält er, wenn es irgend möglich ist, an jedem interessanten Gewässer an, um seine Neugier zu befriedigen oder auch nur, um den schönen Anblick zu genießen. Er ist 1. Vorsitzender der Hottonia, einem Verein für Aquarien und Terrarienkunde in Darmstadt mit einem Naturgelände von rund 6.700 qm. Von den vielen Garten- und Naturteichen dieser Anlage betreut er einen großen Naturteich. Daneben unterhält und beschäftigt er sich noch mit einem Meerwasser-Riffaquarium und einem Terrarium für tropische Baumsteigerfrösche.

Von Beruf Versicherungskaufmann, hat er professionell nichts mit seiner Leidenschaft für die Natur der einheimischen Flora und Fauna zu tun. Für ihn ist diese Beschäftigung nach seiner Aussage – neben seiner Familie – der ideale Ausgleich zu seinem oft hektischen Berufsleben.

Eine Brücke über die Tauber. Ein idealer Platz, um zu rasten und um sich an dem schönen Anblick zu erfreuen.

Vorwort

Sie sind selten geworden, die Teiche und Tümpel, die unsere Landschaften so bereichern. Flußauen wurden begradigt, Sümpfe trockengelegt, oft mit der Folge, daß der Grundwasserspiegel stark abgesunken ist und ganze Riedgebiete entwässert wurden. Man wollte alles kanalisieren, um eine „gewisse Ordnung" in die Natur zu bekommen und auch, um der Landwirtschaft zu mehr Erträgen zu verhelfen. Das ist gelungen, nur zu welchem Preis? Fest steht, daß wir in einer Kulturlandschaft leben und dagegen ist auch nichts zu sagen. Es muß aber Rückzugsgebiete geben, in der sich die Natur so weit wie möglich ungestört entfalten kann. Es bedingt ein Miteinander von Ökonomie und Ökologie, damit dies gelingt. Dazu bedarf es einer sachlichen Debatte im Bezug auf Natur- und Artenschutz ohne romantische Überbewertung der einen, oder rein monetären oder ertraglichen Sichtweise der anderen Seite.

Teiche oder Wassergärten haben in den letzten 15 Jahren einen hohen Zuspruch erfahren. Als Vorsitzender der Hottonia e.V. in Darmstadt, die sich speziell um Naturteiche und damit verbunden um die Erhaltung der natürlichen Grundlagen für die einheimischen Amphibien und Reptilien einsetzt, konnte ich diesen Trend von den achtziger Jahren bis heute hautnah verfolgen.

Viele Mitmenschen „hungern" regelrecht nach Natur und investieren oft große Geldbeträge in eine gewünschte Teichanlage. Das ist eine sehr positive Entwicklung, wenn man bedenkt, daß in früheren Jahrzehnten alles, was als Sumpf und Morast angesehen wurde, einfach zugeschüttet wurde und im schlimmsten Fall eine Rasenfläche entstand. Nichts gegen eine schönen Rasen, aber ist es nicht auf die Dauer langweilig, immer nur diese Graswüsten ansehen zu müssen?

Genau hier hat ein Umdenkungsprozeß stattgefunden, hin zu mehr natürlich gestalteten Gärten –

als Beispiel seien nur die schönen Bauerngärten genannt – und erfreulicher Weise eben auch zu Teichanlagen oder Wassergärten.

Hierbei meine ich nicht, um Mißverständnissen zuvor zu kommen, daß man alles ausschließlich sich selbst überläßt, unter der Parole „die Natur wird es schon richten". Das wird nicht funktionieren bei den in der Regel kleinen bis sehr kleinen Flächen, die einem für einen Gartenteich oder Naturteich nun mal zur Verfügung stehen. Hier muß man auch bei einem „Naturteich" schon nachhelfen, damit alles im Gleichgewicht bleibt und wir Freude haben können an der großen Vielfalt von Pflanzen- und Tiergemeinschaften, die ein Naturteich bieten kann.

Insofern bleibt auch ein „Naturteich" ein erstelltes, aus zweiter Hand geschaffenes Gebilde, in das wir aber nur gezielt eingreifen und der Natur sanft etwas nachhelfen müssen. Ziel sollte es sein, ein kleines Biotop mit einem Teich entstehen zu lassen, das einen naturnahen Lebensraum für einheimische Pflanzen und Tiere bietet. Insofern meine ich, wenn hier in Folge von einem „Naturteich" gesprochen wird, einen naturnahen Teich.

Ziel dieses Buches ist es aber auch, nicht nur Teichbesitzer, und solche die es werden wollen, anzusprechen. Ich möchte auch allen anderen interessierten Lesern das Leben am Naturteich nahebringen und die Schönheit der einheimische Fauna und Flora aufzeigen, ohne dabei den Anspruch auf Vollständigkeit zu erheben. Das wäre vermessen und würde den Rahmen dieses Buches bei weitem sprengen. Mit Sicherheit könnte man Bänden füllen um das Vielgestaltige und komplexe Leben an, und in einem Naturteich zu beschreiben.

DER UNTERSCHIED ZWISCHEN EINEM NATURTEICH UND EINEM GARTENTEICH

Wer sich zu den glücklichen Besitzern eines Gartenteiches zählen kann oder einen neuen Teich plant, hat viele Möglichkeiten, seine kleine Wasserfläche zu gestalten. Der eine träumt von Teichen mit großen Findlingen, Azaleen und Fächerahorn. Der andere schwärmt für Seerosen mit ihrer Blütenpracht.

Doch der besondere Reiz des Teiches besteht wohl darin, daß er, mehr als das sonst im Garten möglich ist, den Eindruck vermittelt, ein Stück Natur vor der Haustür zu haben. Hinzu kommt das schöne Gefühl des Teichbesitzers, bedrohten Pflanzen und Kleintieren ein Rückzugsgebiet zu schaffen, und somit ihrem Überleben geholfen zu haben.

Die Grenze zwischen einem Naturteich und einem Gartenteich oder auch Wassergarten ist fließend und läßt sich in jedenfalls nicht daran festmachen, ob der Naturteich künstlich entstanden ist oder sich in einem anglegten Garten

Ein in die Terrasse eines Hauses integrierter kleiner Teich.

befindet. Nicht der äußere Schein, die Umgebung, ist maßgeblich für einen Naturteich, sondern wie der Teich angelegt und bestückt wird. So läßt sich auch in der relativen Enge eines Reihenhausgartens ein kleines Biotop errichten.

Ich möchte an dieser Stelle nicht gegen einen Gartenteich oder einem Wassergarten sprechen. Teiche dieser Art haben ihren Reiz, zum Beispiel durch den Besatz mit schönen exotischen Seerosen, oder durch die Haltung ausgefallener Goldfische oder Koi sowie der gestalterischen Einbeziehung in die Gartenarchitektur mit Terrassenübergängen, Brunnen oder Quellsteinen. Hier gibt es vielfältige Möglichkeiten und der Fachhandel bietet zwischenzeitlich so gut wie alles an, was schön und oft auch sehr teuer ist. Der Phantasie und dem Geldbeutel sind hier keine Grenzen gesetzt. Auch diese Zierteiche sind letztendlich ein Stück Natur und bereichern jeden Garten. Nur muß man sich entscheiden, ob man mehr zu einem Gartenteich bzw. Wassergarten oder einem naturnahen Teich tendiert. In einem Naturteich haben Goldfische, Goldorfen oder gar Koi überhaupt nichts verloren.

Zum einen handelt es sich um Zuchtformen und zum zweiten müssen diese Tiere zugefüttert werden, was wegen des damit verbundenen Nährstoffeintrags für einen Naturteich nicht gerade gut und zuträglich ist. Außerdem schaden diese Fische den anderen kleinen Lebewesen in einem Naturteich, indem sie diesen die Nahrungsgrundlagen entziehen oder deren Nachwuchs oder sie selbst auffressen. Ferner haben in einem Naturteich Springbrunnen oder anderer „Teichzierrat" nichts zu suchen, ohne daraus gleich eine Religion machen zu müssen. Letztendlich ist das eine Geschmacksfrage. Alles ist möglich und jeder hat seine eigene Betrachtungsweise. Dennoch, bei der Anlage eines Naturteiches sollte man gewisse, von der Natur vorgegebene Richtlinien befolgen. Im Gegensatz zu einem üblichen Gartenteich oder Wassergarten gelten für einen Naturteich die folgenden Faustregeln:

- Nur mit einheimischen Sumpf- und Wasserpflanzen bepflanzen, die auch natürlich in unseren mitteleuropäischen Breiten vorkommen.
- Keine Zuchtformen von Fischen oder andere nicht einheimische Tiere in den Teiche einsetzen.
- Den Teich bedarfsgerecht aufbauen unter der Prämisse, ein möglichst natürliches Biotop zu erstellen.

Somit ist, per Definition, ein naturnah angelegter Teich ein auf die Dauer ausgelegtes, sehr pflegeleichtes Gewässer, das unterschiedliche Wassertiefen aufweisen sollte und vielfältig mit einheimischen Sumpf- und Wasserpflanzen bestückt werden sollte.

Nach ca. 2-3 Jahren wird sich durch die Wechselwirkungen, die sich aus dem Zusammenwirken von Pflanzen, Tieren, Bodengrund, Nährstoffen, Temperatur, Licht und Wasser ergeben, ein stabiler Lebensraum entstehen, der sich zu einem Großteil selbst reguliert und in dem man dann nur noch sporadisch eingreifen muß.

Ist die grundsätzliche Endscheidung zu Gunsten der Errichtung eines Naturteiches oder die Umgestaltung eines Gartenteiches zu einem naturnahen Teich gefallen, wird man viel Freude haben an der Vielschichtigkeit und Vielfältigkeit eines lebendigen Biotops, wie es ein Naturteich darstellt.

Allgemeines
Grundsätzliche Überlegung vor dem Bau

DIE PLANUNG UND GESTALTUNG

Ein entscheidender Faktor für das Gelingen des Unterfangens, der im Vorfeld geklärt werden muß, ist der richtige Standort.

Ein Naturteich braucht viel Sonne!
Wasserpflanzen und speziell Seerosen sind sonnenhungrig und können gar nicht genug Licht bekommen. Sind große Bäume in der Nähe des geplanten Teiches, muß darauf geachtet werden, daß der Teich ausreichend Sonne erhält, wobei 6 Stunden Sonnenlicht für den Naturteich als das absolute Minimum zu erachten ist, damit die Sumpfpflanzen, Wasserpflanzen, und speziell eben auch die Seerosen gedeihen und blühen können. Umgekehrt kann in sehr offenem Gelände eine angemessene Teilschattierung des Naturteiches von Vorteil sein, damit im Hochsommer bei sehr hohen Temperaturen und starker Sonneneinstrahlung keine Überhitzung des Teiches eintritt, mit all den negativen Folgen – z.B. Sauerstoffmangel – für die Teichfauna. Das gilt im Besonderen für kleine Teichanlagen, bei denen die Gefahr der Überhitzung vergleichsweise sehr hoch ist. Die nach Süden gerichtete Seite des Teiches sollte aber in jedem Fall frei und offen bleiben.

Auch ein möglicher große Laubeintrag im Herbst und Winter durch Laubgehölze in die Teichanlage ist zu bedenken, ferner können Blühgehölze mit nicht unerheblliche Mengen von Blüten und Früchten das Wasser stark belasten. Darauf komme ich dann noch einmal im letzten Kapitel, bei dem es um die Pflege des Naturteiches geht, zurück.

Die Größe des Naturteiches ist meist durch die Gartenanlage vorgegeben. Grundsätzlich gibt es kein „zu groß" für einen Naturteich. Wenn es die Gegebenheiten zulassen, sollte man so ausladend wie möglich planen, jedoch Vorsichts-

maßnahmen ergreifen, daß Kleinkinder nicht in den Teich fallen können!

In einem großen Naturteich wird sich das biologische Gleichgewicht bei weitem schneller einstellen und über die Jahre konstant halten, als in einem kleinen Teich.

Ein Beispiel dafür, daß auch kleine Teiche sehr ansprechend als Naturteiche gestaltet werden können.

Photo: Gert Walter

Ein weiterer Grund, den Teich in der maximal möglichen Größe zu planen, sind die Sumpf- und Wasserpflanzen. Sie haben eine enorme Vegetationskraft und breiten sich sehr schnell im Teich aus. Es ist immer wieder überraschend, wie schnell ein neu angelegter Teich zugewachsen ist und durch falsche Planung schon die ersten Pflegemaßnahmen notwendig werden. So kann zum Beispiel eine einzige Seerose der einheimischen Art *Nymphaea alba* nach ca. 3–4 Jahren durchaus etwa 2–3 qm Wasserfläche einnehmen.

Pumpensysteme haben in einem Naturteich – bis auf wenige Ausnahmen – nichts verloren. Sie sind auch völlig unnötig und würden eher stören, als in irgend einer Weise hilfreich sein.

Einer dieser Ausnahmen wäre zum Beispiel der Einbau eines vorgeschalteten Bachlaufs, der in den Naturteich einfließt und für den das Wasser entsprechend hochgepumpt werden muß. So einen Bachlauf in die Gesamtanlage einzuplanen ist natürlich sehr reizvoll, läßt sich aber leider aus Platzgründen nur bei entsprechend großen Gärten verwirklichen.

Hier könnte jedoch ein zusätzliches, typisches Biotop entstehen, das den Naturteich ergänzt. Am besten läßt man den Bach durch eine Röhrrichtzone in den Naturteich einfließen und gewinnt so noch eine Filterwirkung für das in den Naturteich einströmende Wasser.

Ein solcher Bachlauf kann analog wie ein Teich gebaut werden (siehe nächstes Kapitel) oder man nimmt Fertigteile aus Kunststoff, die nur noch ineinander gesteckt werden müssen. Der Gartenfachhandel bietet hier zwischenzeitlich ein umfassendes Sortiment an Möglichkeiten an.

Üppig bewachsener Teich mit großen Beständen an Krebsschere (Statiotes aloides).

Hier ist die Entwicklung eines Naturteiches zu sehen, wie er in der Hottonia e.V. in Darmstadt entstanden ist.

Bild 1 + 2: Der Aushub der Teichschale ist geschehen und die Schale wurde sorgfältig auf Unebenheiten abgesucht. Nachdem eine ca. 10 cm dicke Sandschicht in die Teichschale verteilt wurde, bekam der Teich zusätzlich noch ein Teichflies als Unterlage. Das Teichprofil ist so ausgelegt, daß ein 2/3 des Teiches umlaufender Teichgraben entstand.

Bild 3: Die Folie muß sorgfältig ausgezogen werden, damit keine unnötigen Knicke und Kanten entstehen. Hierbei ist Vorsicht geboten, daß mit den Schuhen (z. B. Steine im Schuhprofil) keine Beschädigung erfolgt. Die Folie muß weit über den eigentlichen vorgesehenen Rand hinaus verlegt werden, da sie durch den Wasserdruck noch erheblich eingezogen wird.

Bild 4: Ist die Folie richtig verlegt, kann endlich Wasser eingefüllt werden. Die Teichfolie strafft sich und wird am Rand durch den entstehenden Wasserdruck in den Teich eingezogen. Nachdem der neue Teich nun ein paar Tage so verbleibt und die Folie richtig liegt, kann die Folie am Rand auf das gewünschte Maß abgeschnitten und in die Teichumrandung eingepaßt werden.

TEICHBAU UND MATERIAL

Ob man einen Fertigteich aus Kunststoff, einen Folienteich oder einen Teich mit einer Abdichtung aus Ton oder Lehm bevorzugt, ist dem Geschmack und den Möglichkeiten jedes Einzelnen überlassen. Grundsätzlich bietet sich jedoch ein Fertigteich aus Kunststoff für kleinere Anlagen und ein Folienteich für mittlere bis große Teichanlagen an. Teichanlagen mit einem Boden aus Ton oder Lehm sind den sehr großen Vorhaben vorbehalten und für mittlere Teichanlagen meist zu aufwendig.

Bei einer Bodenbedeckung aus Ton oder Lehm lassen sich allerdings sehr gut Röhrrichtzonen einbeziehen. Hierbei ist es dann auch möglich Schilf anzupflanzen, das sonst die Folie beschädigen würde. Schilf ist in der Lage, mit seinen eisenharten Wurzeltrieben auch dicke und feste Teichfolien zu durchstoßen.

Die Bodenbedeckung der Teichschale mit Lehm und Ton ist insofern die optimale Lösung und kommt auch einem Naturteich am nächsten. Im Handel sind Ton/Lehmziegel zu bekommen, die dann entsprechend verlegt werden können. Aber, wie schon bemerkt, die Verarbeitung ist sehr aufwendig und wird sich in der Regel nur bei einer größeren Teichanlage verwirklichen lassen. So ist aus meiner Sicht ein Folienteich zu bevorzugen. Teichfolie ist auch für Nichtfachleute relativ leicht zu verarbeiten und so kann man individuell und flexibel seinen eigenen Traum vom Naturteich erfüllen.

Teichfolie und andere notwendige Materialien kann man im guten Fachhandel in allen Variationen und Stärken beziehen und sich entsprechend beraten lassen.

Nach dem Aushub rate ich, eine feine Sandschicht von ca. 10 cm auf die Teichschale aufzubringen, um sicherzustellen, daß sich keine scharfen Gegenstände in die Teichfolie eindrücken können und dies so zu einer Beschädigung kommt, die sich oft erst viel später, wenn die Pflanzen schon angewachsen sind, bemerkbar macht und zu erheblichen Problemen führt. Natürlich kann man auch ein sogenanntes Teichflies als Unterlage auf den Teichgrund zum Einsatz bringen.

Ich möchte an dieser Stelle bemerken, daß ich nicht auf alle technischen Einzelheiten des Teichbaus eingehen werde. Hierzu gibt es hinreichend Fachliteratur und auch Fachleute in Vereinen, Garten- und Baumärkten, die Sie sicherlich fachkundig beraten können. Diese Details würden den Rahmen dieses Buches sprengen und ich

Anlage des Teiches
Baumaterial und Gestaltung des Teichbettes

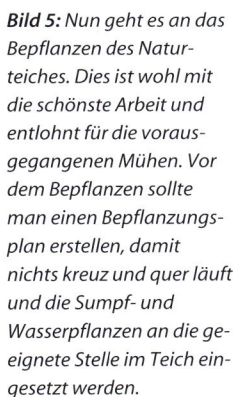

Bild 5: Nun geht es an das Bepflanzen des Naturteiches. Dies ist wohl mit die schönste Arbeit und entlohnt für die vorausgegangenen Mühen. Vor dem Bepflanzen sollte man einen Bepflanzungsplan erstellen, damit nichts kreuz und quer läuft und die Sumpf- und Wasserpflanzen an die geeignete Stelle im Teich eingesetzt werden.

Bild 6: Zeigt den neuen Naturteich nach etwa einem halben Jahr. Alles ist angegangen und gedeiht.

Bild 7: zeigt den schön eingewachsenen Teich nach etwa einem Jahr.

Bild 8: Hier ist der hintere Teil des Naturteiches nach einer zweijährigen Entwicklung zu sehen.

konzentriere mich daher nur auf notwendige Hinweise, die für einen Naturteich unbedingt erforderlich sind.

Beim Aushub bzw. der Erstellung der sogenannten Teichschale ist auf die unterschiedlichen Bepflanzungszonen für den Naturteich zu achten. Hier gibt es eine mehr wissenschaftliche Einteilung der Zonen eines Naturteiches, auf die später noch näher eingegangen wird, und eine praktische Einteilung, die gebräuchlicher ist und allgemein Anwendung findet. Diese teilt den Teich auf in eine Sumpfzone, Flachwasserzone, Tiefenzone und ergänzend die Tauchpflanzenzone.

Ich werde immer wieder bei Beratungen gefragt, wie groß denn die eine oder andere Zone eines Teiches zu sein hat. Hier gibt es selbstverständlich keine generelle Regelung, aber die Sumpfzone und die Flachwasserzone wird meist zu klein gewählt. Die Tiefwasserzone sollte maximal ein Drittel des Teiches ausmachen, schon um Platz zu haben für die vielen schönen Sumpfpflanzen, die in die Flachwasserzone und Sumpfzone eingebracht werden. Bei der Tiefwasserzone ist für einen Naturteich eine Wassertiefe von 70–100 cm vollkommen ausreichend. Tiefer muß es auch für die Seerosen nicht sein, da bei Frost eine Eistiefe in dieser Größenordnung in unseren

gemäßigten Breiten nicht zu erwarten ist. Aber auch eine tiefer angelegte Zone bis zu 200 cm kann, wo es möglich ist, sehr interessant sein für eine Tauchpflanzenzone. Für die Flachwasserzone ist eine Tiefe von bis zu 30 cm vorzusehen und die Sumpfzone begnügt sich mit bis zu 10 cm Wassertiefe.

Bei entsprechendem Platz kann sich an die Sumpfzone eine Rohrzone und eine Feuchtwiese anschließen. Eine solche Zone erstellt man, indem man in etwa 30 cm Tiefe unter dem Erdreich eine Baufolie einzieht, die man mit einer Grabgabel etwas perforiert. Dadurch wird ein zu schnelles versickern des Wassers verhindert.

Schön ist auch eine Teichinsel, wenn sich diese in die Teichanlage mit einbeziehen läßt und die Teichanlage groß genug ist. Wobei eine „Insel" durchaus auch ein umlaufender Graben sein kann, der sich um einen Teil des Naturteiches zieht und vom Hauptteil mit einem Zufluß und Abfluß getrennt ist. In diesem Graben lassen sich sehr gut Kleinstlebewesen und Amphibien beobachten.

Das Teichprofil ist so auszurichten, daß immer der Bereich mit der Seerosenbestückung die Südseite, bzw. die sonnenreichste Ecke der Anlage erhält, wie es bereits vorher ausgeführt wurde.

Biotope
Natürliche Vegetationszonen

DIE VEGETATIONSZONEN IM NATURTEICH

Wenn wir uns ein natürliches Gewässer anschauen, so lassen sich dort (idealerweise) mehrere Vegetationszonen, sprich Zonen, in denen ein bestimmter Wuchstyp von Pflanzen vorherrscht, unterscheiden.

Von innen nach außen sind dies: die Zone der untergetauchten (submersen) Pflanzen, die Schwimmpflanzenzone (entsprechend der Tiefenzone), die Faulschlammzone (entsprechend der Flachwasserzone und Sumpfzone), die Röhricht- oder auch Verlandungszone und die daran anschließende Feuchtwiese bzw. der Bruchwald.

Nun ist jedes natürliche Gewässer auch ein Individuum. In manchem kommt jede Vegetationszone, hübsch nach Lehrbuch und nebeneinander, perfekt ausgebildet vor. In einem anderen Gewässer fehlen bestimmte Zonen völlig oder einzelne Zonen sind extrem stark ausgebildet.

Außerdem hat jede Vegetationszone eines natürlichen Gewässers je nach Nährstoffgehalt, Lichteinstrahlung, pH-Wert und Härtegrad des Wassers oder auch der Durchschnittstemperatur, ihre spezielle, immer wieder gemeinsam auftretende, Flora.

Der Botaniker nennt dies Assoziationen und bezeichnet sie wissenschaftlich nach ihren auffälligsten, immer vorkommenden Gewächsen, so zum Beispiel die Gesellschaft der Teichröhrrichte Phragmition, so genannt nach dem Schilfrohr, *Phragmites australis*.

Es würde sicher hier zu weit führen, alle Assoziationen zu beschreiben: ich will mich vielmehr darauf beschränken, hier einige der schönsten und pflegenswertesten einheimischen Pflanzen der einzelnen Vegetationszonen aufzuführen, und Tips zu geben, wie man sie am besten kultiviert.

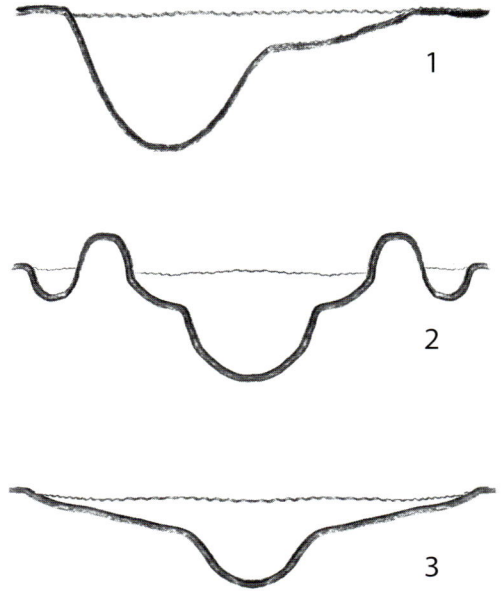

Zeichnung 1
Teichprofil mit ausgeprägter Tiefen und Tauchpflanzenzone.

Zeichnung 2
Teichprofil mit umlaufenden Graben

Zeichnung 3
Teichprofil mit ausgeprägter Sumpf und Flachwasserzone.

Unten:
Beispiel für den naturnahen Aufbau der Bepflanzung eines Gewässers.

Skizzen: Frank Schäfer

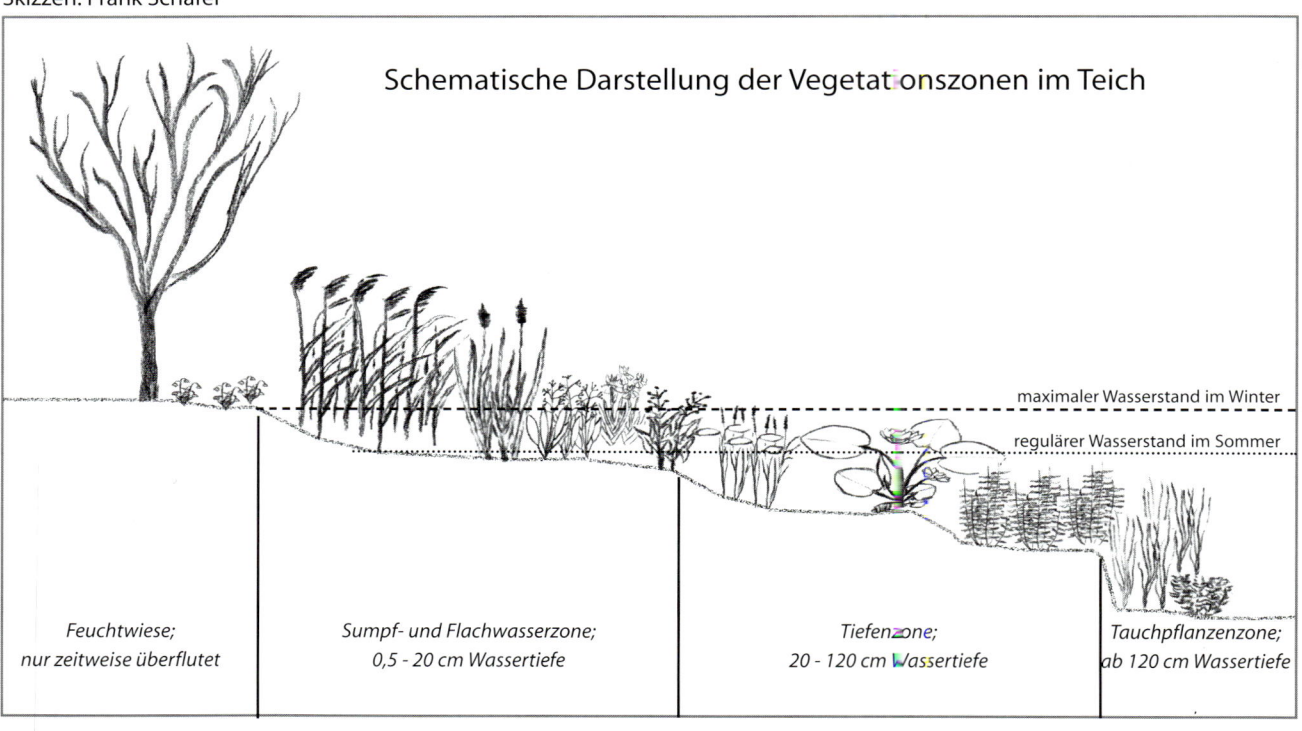

Schematische Darstellung der Vegetationszonen im Teich

maximaler Wasserstand im Winter

regulärer Wasserstand im Sommer

| Feuchtwiese; nur zeitweise überflutet | Sumpf- und Flachwasserzone; 0,5 - 20 cm Wassertiefe | Tiefenzone; 20 - 120 cm Wassertiefe | Tauchpflanzenzone; ab 120 cm Wassertiefe |

Biotope
Die Tauchpflanzenzone

DIE PFLANZEN IM NATURTEICH

Sumpf- und Wasserpflanzen haben eine enorme Vegetationskraft und sind im allgemeinen sehr schnellwüchsig. Das muß bei der Bepflanzung einer Neuanlage für einen Naturteich beachtet werden. Meist ist bereits nach 2 Jahren das Wachstum der Pflanzen so stark, daß man die ersten Eingriffe vornehmen muß. So kann man bei der Neubepflanzung ruhig etwas zurückhaltender sein bei der mengenmäßigen Auswahl der Sumpf- und Wasserpflanzen.

Selbstverständlich können hier nicht alle Pflanzenarten aufgeführt werden, die geeignet wären. Ziel ist es auch nicht, alle möglichen Sumpf- und Wasserpflanzen zu erfassen. Nur die wichtigsten in den natürlichen Teichen und Tümpeln vorkommenden Arten werden beschrieben.

Die Tauchpflanzenzone

Im Naturteich sollte diese Zone eine Tiefe von 1,5 bis 2 Meter aufweisen, weshalb sie sich leider nur in mittleren bis größeren Teichen verwirklichen läßt. Diese Zone ist jedoch sehr reizvoll, bietet sie doch Molchen und bestimmten größeren Wasserinsekten optimale Lebensbedingungen. Teiche mit solcher Tiefe und submersen Wasserpflanzen bieten auch Fischen und Fröschen im Winter den notwendigen Sauerstoff und Schutz vor dem Frost.

Will man diese Zone in einem Naturteich verwirklichen, muß man, noch stärker als das sonst schon nötig ist, auf die richtige Belichtung achten. Ist die Besonnung etwa zu stark, kann das Wasser sehr von Algen getrübt sein und die submersen Wasserpflanzen können durch den Algenwuchs erstickt werden. Ist die Beleuchtung jedoch zu schwach (zu starke Schattierung z.B. durch zu dichten Baumbestand), werden die submersen Wasserpflanzen verkümmern.

Ideal ist es deshalb, wenn diese tiefe Zone des Teiches etwa bis zum frühen Nachmittag volle Sonne bekommt, dann aber z.B. durch Bäume beschattet wird, auch um eine starke Erwärmung des Gewässers, die den Pflanzen und auch den im Teich befindlichen Tieren schaden könnte, zu verhindern.

Achten sollte man darauf, daß im Herbst und Winter nicht zu viel Laub in den Teich gelangt, da gerade die untergetauchten (submersen) Wasserpflanzen notwendige Arbeiten wie Entschlammung und Laubentfernung nicht gerne haben. Auf Bodengrund kann in dieser Zone i.d.R. verzichtet werden, da sich mit der Zeit sowieso sehr schnell eine Menge Schmuddel ansammelt.

Lediglich eine Kiesschicht von etwa 10 cm Dicke

auf dem Bodengrund ist denkbar, die zudem noch den Vorteil hat, feinen Schmutz zu binden und dadurch zur Klarheit des Wassers nicht unerheblich beiträgt. Die submersen Wasserpflanzen werden am besten in geeigneten Töpfen, Seerosenkörben aus Plastik, oder besser noch Weidenkörben, in die Tiefe abgesenkt.

Bewährt hat sich auch, daß man submerse Wasserpflanzen erst in der Flachwasserzone in Töpfen anzieht und diese in Sand durchwurzeln läßt, damit sie besseren Halt bekommen. So verhindert man, daß neu eingebrachte Pflanzen ständig nach oben treiben und nicht angehen. Es sollte selbstverständlich sein, wie schon mehrfach bemerkt, daß keine gründelnden Fische wie Koi oder Goldfische im Teich sind, die das Anwurzeln verhindern. Aber diese haben ja sowieso nichts in einem Naturteich verloren.

Schauen wir uns nun die submersen Pflanzen an, die in der Tauchpflanzenzone vorkommen.

Geeignet sind zum einen mehrere Laichkräuter, *Potamogeton*, die durch ihre oft gewellten oder auch glänzenden Blätter auffallen. Gut im Wuchs sind das Krause Laichkraut, *P. crispus*, und das Glänzende Laichkraut, *P. lucens*. Sehr schön, aber leider schwer zu pflegen, ist der Spreizende Hahnenfuß, *Ranunculus circinatus*, mit seinen schönen kleinen weißen Blüten. Gut wüchsig sind die Tausendblätter, *Myriophyllum*, die im Gegensatz zu den bereits erwähnten Laichkräutern nicht so sehr wuchern. Tausendblätter mit ihrem quirligen Blattständen fallen durch ihren kompakten Wuchs und das helle, frische Grün ihrer Blätter auf. Die filigranen Armleuchteralgen der Gattung *Chara* bilden einen richtigen Rasen auf dem Boden und sind eine wahre Bereicherung in der Tauchzone. Nicht vergessen werden darf die Wasserpest *Elodea canadensis*, die zwischenzeitlich einheimisch geworden ist und ihre einheimische Verwandte, die Grundnessel, *Hydrilla verticillata*. Beide sind, wie der Name bereits sagt, bei entsprechend guten Bedingungen sehr schnellwüchsig.

Einen Versuch wagen kann man bei dieser Wassertiefe auch mit der ständig untergetaucht bleibenden Formen des Flutenden Sellerie, *Apium inundatum*, den Wasserfenchelarten, *Oenanthe*, und der Teichrose, *Nuphar luteum*, die bereits auf die Schwimmblattpflanzen-Zone (der Tiefenzone) überleitet und sehr schöne hellgrüne Unterwasserblätter ausbildet, die aus der Tiefe hervorstechen.

Insgesamt ist die Tauchpflanzenzone der submers wachsenden Wasserpflanzen wohl der schwierigste Bereich im Naturteich, aber, wie bereits vermerkt, für eine artenreiche Teichfauna sehr von Nutzen.

Die Tauchpflanzenzone

Pflanzen der Tauchpflanzen- und der Tiefenzone

links: Eine Wasserpest (Elodea); Wenn sie in der Tauchpflanzenzone eingesetzt wird, muß ab und zu vorsichtig ausgedünnt werden.

rechts: Ein wunderschöner Bestand von Wasserstern (Callitriche) in einem Bachlauf.

Ein natürliches Gewässer mit großen Beständen des Flutenden Hahnenfußes an einem unregulierten Flußlauf in Ostbayern.

Biotope
Die Zone der Schwimmblattpflanzen

Die Schwimmpflanzen-zone oder Tiefenzone ist das Revier der Königin der Teichpflanzen, der Seerose.

Seerosen der Art Nymphaea alba an einem Schilfrand.

Die prachtvolle Blüte von Nymphaea alba, der ein-heimischen weißen See-rose hält jedem Vergleich mit tropischen Lotus und Seerosen stand. Blütezeit: Mai bis September. Standort: sonnig.

Große Bestände der Teich-rose Nuphar luteum der sogenannten „Teich-mummel", die wie Kerzen aus dem Teich leuchten.

Blüte der Teichrose Nuphar luteum, Blütezeit ist Juni bis September. Standort: sonnig.

links: Ein wunderschöner Bestand von Nymphaea x pygmea "Alba", der weißen Zwergseerose, in einem kleinen Naturteich. Obwohl es sich hierbei um eine Kulturform handelt, paßt sie sich harmonisch in einen Naturteich ein. Sie ist allerdings nichts für Puristen.

rechts: Die Seekanne, Nymphoides peltata, ist eine reine Schwimm-pflanze. Blüte gelb, Blüte-zeit Juli bis September., Standort: sonnig.

Biotope
Die Zone der Schwimmblattpflanzen

Die Tiefenzone

Den folgende Bereich kann man auch als die Zone der Schwimmblattpflanzen bezeichnen. Diese Zone im Naturteich beinhaltet für viele die Königin der Teichpflanzen: die Seerose. Für die beiden einheimischen Arten, die Weiße und die Glänzende Seerose (*Nymphaea alba* und *N. candida*) muß das Wasser mindestens 60 cm tief sein, besser aber ist eine Wassertiefe von 80-100 cm, um Frostsicherheit zu erreichen.

Bekanntlich hat Wasser ja seine größte Dichte (ist also relativ am schwersten) bei 4 Grad Celsius. Hat der Teich eine Tiefe von 90 cm, bildet sich unten eine Schicht relativ warmen Wasser von 4 Grad Celsius.

So friert der Teich letztendlich nie ganz zu, denn das vertragen die Rhizome der Seerosen nicht. Seerosen wollen einen fetten Boden. Am besten ist es, wenn man die Seerosen in einem Pflanzkorb (z.B. einem Weidenkorb) in den Teich einbringt. Dieser muß allerdings groß genug sein um die ausladenden Wurzeln aufzunehmen. Die Bodenmischung erfordert etwas Fingerspitzengefühl, denn tut man des Guten zuviel, fault der Boden und, was sehr unangenehm sein kann, die sich dadurch bildenden Algen, können das Leben im Teich ersticken. Ist der Boden aber zu mager, werden die Seerosen blühfaul. Im Handel gibt es zwischenzeitlich entsprechende Teicherde zu kaufen, auf die zurückgegriffen werden kann, wenn man sich das anmischen nicht zutraut.

Etwas weniger anspruchsvoll ist die Teichrose *Nuphar lutem*, die allerdings nicht so auffällig blüht. Die Blüte ist gelb und recht klein und ungefüllt in ihrer Blütenstruktur. Aber gerade diese karge Schönheit der Teichrose ist faszinierend. Die Teichrose hat relativ große Überwasserblätter und bildet manchmal nur Unterwasserblätter aus, die in ihrer Struktur sehr zart und weich sind. Die Teichrose wird auch sehr oft als Teichmummel bezeichnet und findet sich häufig in Altarmen von Flüssen und in größeren Teichen und Seen. Sie war in früheren Jahren praktisch überall anzutreffen und litt besonders unter den massiven Flußbegradigungen, die überall stattfanden.

Ein Kleinod für das flachere Wasser und den Übergang in die Flachwasserzone mit ca. 30 cm Wassertiefe, ist die Zwergteichrose, *Nuphar pumilium*, die aber leider nur sehr selten im Handel angeboten wird und auch sonst recht selten in natürlichen Gewässern zu finden ist. Teichrosen in der Natur auszugraben ist, wie bei fast alle in diesem Buch genannten Pflanzen, nicht zu verantworten. Abgesehen davon, daß es verboten ist, sollte man die oft nur noch als Restbestände in der Natur vorhandenen Popula-

tionen nicht weiter ausdünnen. Wo See- und Teichrosen wachsen, sollte man mithelfen, daß sie dort auch bleiben. Seerosen gibt es in verschiedenen Farbschlägen der Blüten. Aber im Naturteich haben diese nichts verloren! Nur die genannten einheimischen Arten sind für den Naturteich geeignet. Es werden sehr viele Hybriden angeboten, die mit tropischen Seerosen gekreuzt wurden. Meist sind diese auch nicht, oder nur beschränkt winterhart und vertragen unser Klima schlecht.

Selbstverständlich ist der Übergang von Tauchpflanzenzone und Tiefenzone nicht klar getrennt und überschneidet sich, wie auch alle anderen Teichzonen. Für größere Teichanlagen sind die zwei Schwimmblätter ausbildenden Laichkräuter, *Potamogeton natans* und *P. oblongus*, schöne Teichpflanzen aber Achtung: sie wuchern sehr stark und können schnell einen Teich bedecken.

Wunderschöne weiß blühende Matten bilden die schwimmblattbildenden Wasserhahnenfußarten, *Ranunculus aquatilis* und *R. trichophyllus*. Diese sind leicht zu kultivieren und können auch in der Flachwasserzone gut gehalten werden.

Ebenfalls für den Übergangsbereich von der Tiefenzone in die Flachwasserzone eignet sich das einzige einheimische im Wasser lebende Schlüsselblumengewächs die schöne *Hottonia palustris*. Sie schiebt ihre rosa Blütenstände über die Wasseroberfläche. *Hottonia palustris*, die Sumpffeder ist allerdings ursprünglich ein Bewohner nährstoffarmer Gewässer. Darauf muß man achten, sonst hat man keine Freude an der Kultivierung dieser wunderschönen Wasserpflanze.

Zur Schwimmpflanzenzone gehören, um das Kapitel abzuschließen, auch die nicht am Boden verankerten Schwimmpflanzen. Mit am schönsten ist die zu den Enziangewächsen gehörende, gelb blühende Seekanne, *Nymphoides peltata*, der niedliche Froschbiß, *Hydrocharis morsus-ranae* und die bizarre Krebsschere, *Stratoides alismoides*, die im Winter auf den Bodengrund absinkt und im Frühjahr wieder nach oben treibt.

Sehr heikel ist die Haltung der Wassernuß, *Trapa natans*, die meist nur einjährig ist und alljährlich neu aus Samen herangezogen werden muß. Diese Wasserpflanze ist nichts für Anfänger. Sie gedeiht nur, wenn die äußeren Bedingungen der Pflanze absolut entgegen kommen und liebt einen fetten schlammigen Grund.

Nicht vergessen werden dürfen auch die Hornkräuter, *Ceratophyllum*, die sich im Teich sehr gut zum Abbau von zuviel Nährstoffen eignen und mit ihren frischen grünen Vegetationsspitzen den Teich bereichern.

Biotope
Die Zone der Schwimmblattpflanzen

links: Flutender Hahnenfuß, Ranunculus aquatilis. Blüte Juni bis Juli Standort: sonnig. Schöne, kleinbleibende flutende Wasserpflanze.

rechts: Der Fieberklee, Menyanthes trifoliata, wächst kriechend. Blütezeit: Mai bis August, Blüte weiß. Standort: sonnig. Größe:20–30 cm.

links: Die Wassernuß, Trapa natans. Blütezeit: Juli bis August. Standort: sonnig bis Halbschatten. Größe (der Rosette): 20 cm.

rechts: Die Krebsschere, Stratiotes aloides, ist eine ungewöhnliche Schwimmpflanze. Blütezeit: Mai-Juli. Standort: sonnig bis Halbschatten.

Die Sumpf- oder Wasserfeder, Hottonia palustris, benötigt nährstoffarme Gewässer. Schöne, feinfiedrige Wasserpflanze, mit hohem Blütenstand, 20–30 cm, über der Wasseroberfläche. Blütezeit: Mai bis Juni. Blüte weiß-rosa. Standort: sonnig.

Die Flachwasserzone

Verlassen wir nun die tieferen Wässer und gehen in den Flachwasserbereich. Diese ist im Naturteich auch als Faulschlammzone zu bezeichnen und beinhaltet neben der Flachwasserzone auch die sogenannte Sumpfzone.

In der Flachwasserzone wachsen die attraktivsten Sumpfpflanzen und sie ist auch für die Biologie des Naturteiches wichtig. Hier entwickeln sich die Jugendstadien der meisten Wasserinsekten und Amphibien.

Die Flachwasserzone und Sumpfzone sollte, wie schon an anderer Stelle bemerkt, zwei Drittel des Naturteiches einnehmen. Diese Faulschlammzone ist auch die einzige, in die man direkt Bodengrund einbringen sollte, abgesehen von der anschließenden Röhrrichtzone und den Teichübergängen. Zweckmäßig sind 10–20 cm Erde, die man am besten vorher siebt, um keine unnötigen Steine in den Teich zu bekommen.

Nimmt man Gartenerde, so ist diese zu 50% mit feinem Kies zu mischen, schon um nicht zuviel Nährstoffe in der Teich einzubringen. Natürlich kann man auch vorgefertigte, im Fachhandel erhältliche, spezielle Teicherde zu verwenden.

Den Übergang zur Tiefenzone kann man mit entsprechend großen Steinen abschotten oder durch den Einbau eines Teichwulstes in der Bauphase, um das Abrutschen der Teicherde in die Tiefenzone zu verhindern.

Eine andere Möglichkeit besteht darin, die einzelnen Pflanzen in ausreichend großen Pflanzkörben zu setzten und diese in den Teich zu stellen. Das hat den Vorteil, daß wesentlich weniger Erde in der Naturteich kommt und so der Gefahr der Nährstoffübersättigung entgegengewirkt wird. Die Pflanzbehälter müssen allerdings entsprechend groß sein um den Sumpfpflanzen Platz zur Entfaltung zu geben.

Sumpfpflanzen sind meist gut wüchsig und relativ anspruchslos in ihrer Pflege.

Wunderbar für den Übergangsbereich von der Tiefenzone in die Flachzone ist der Tannenwedel, *Hippurus vulgaris*, den man nach meinen Erfahrungen aber auch tiefer setzen kann. Der Tannenwedel glänzt nicht mit einer prächtigen Blüte, sondern durch seinen schönen Wuchs. Man sollte ihn deshalb allerdings immer in Gruppen setzen, dann wirkt er am schönsten.

Sehr schön blühend mit großer Blütendolde, ist die Schwanenblume, *Butomus umbellatus*. Die Schwanenblume braucht fetten nährstoffreichen Boden damit sie sich entfalten kann und zur Blüte kommt.

Die See- oder Teichsimse, *Scirpus lacustris*, bleibt kleiner und ergänzt die Schwanenblume sehr gut.

Das Hechtkraut, *Pontederia cordata*, mit seiner steilen Wuchsform des Stiels und der Blätter, sowie dem blauen Blütenstand ist eine optische Bereicherung jeden Teiches. Allerdings stammt es aus Nordamerika und ist somit nichts für Puristen. Auch das Hechtkraut sollte in Gruppen stehen, um voll zur Wirkung zu kommen.

Nicht fehlen darf auch der Froschlöffel, *Alisma plantago-aquatica*. Der Froschlöffel ist eine echte Charkterpflanze der Sumpfzone. Es gibt 2 Arten emerser Froschlöffel, einen mit großen löffelartigen Blättern, der auch den allgemeinen deutschen Namen beeinflußt hat, und einen mit länglichen, lanzettförmigen Blättern *(Alisma lanceolatum)*. Beiden gemeinsam ist die große auffällige Blütenrispe, mit den kleinen weißen Blüten. Der Froschlöffel darf in keinen Naturteich fehlen.

Eine weitere, absolute „Muß-Pflanze" für den Naturteich, ist das Pfeilkraut, *Sagittaria sagittifolia*, mit ebenfalls langer großer Blütenrispe und großen weißen Blüten. Auch hier gibt es 2 Arten, die leicht zu unterscheiden sind. Zum einen ist es die ursprüngliche einheimische Art mit länglichen, schmalen pfeilartigen Blättern. Eine zweite Art, mit breiter Blattstruktur und insgesamt auch wuchtigerem Wuchs *(S. latifolia)*, kommt ursprünglich aus Nordamerika und ist über die langen Jahre zwischenzeitlich eingebürgert und überall zu finden.

Eine sehr aparte Wasserpflanze mit ihrem kriechend wachsenden Sprossen ist der Fieberklee, *Menyanthes trifoliata*, der zu den Enziangewächsen zählt. Der Fieberklee kommt auch in nährstoffärmeren Gewässern vor und hat zarte, weiße Blütenstände.

Sehr wüchsig ist der Zungenhahnenfuß, *Ranunculus lingua*, der ebenfalls in diese Flachwasserzone gehört, wie auch das Sumpfblutauge, *Comarum palustre*, und die großwüchsige, gelb blühende Wasserschwertlilie, *Iris pseudacorus*, die besonders für den Übergang in die Sumpfzone geeignet ist. Die Sumpfiris wird bis 1,5 Meter hoch, bildet große Horste, die einen ausreichenden festen Stand im Teich benötigen. Sie bedarf deshalb eines freien Standortes, der dies gewährleistet. Wird die Sumpfiris nicht direkt in die Teicherde gepflanzt, ist am besten ein großer Weidenkorb geeignet, den man entsprechend in der Höhe zurechtschneiden kann.

Eine durch ihren spezifischen Wuchs sehr auffällige Sumpfpflanze ist der Kalmus, *Acorus calamus*, mit seinem grünen Blütenstand.

Biotope
Die Sumpfzone

Die Sumpfzone

Wie schon bemerkt, ist der Übergang von der Flachwasserzone in die Sumpfzone fließend und nicht streng getrennt. Auch der weitere Übergang in die Röhrrichtzone (auch als der immerfeuchte Uferrand bezeichnet) ist fließend. In diesem Bereich, lassen sich sehr viele Pflanzen kultivieren und die Auswahl ist sehr groß.

Auch dieser Bereich gehört zur Faulschlammzone im Naturteich und je nach den örtlichen Gegebenheiten läßt sich diese Zone überleiten in eine Rohr-Schilfzone oder einer Feuchtwiese, wenn entsprechend Platz vorhanden ist.

Einer der ersten Blüher dieser Zone ist die Sumpfdotterblume, *Caltha palustris*, die mit ihren schönen gelben Blütenständen von April bis Mai den Teichrand schmückt.

Ebenfalls gelb blühend zeigt sich die Gauklerblume, *Mimulus lutens*, die allerdings sehr wärmebedürftig ist und deshalb nicht an jedem Standort gedeihen wird. Sie stammt aus Asien, gehört daher eigentlich nicht an den Naturteich, wird aber hier dennoch erwähnt, weil die meisten Pflanzenliebhaber ihrem Reiz früher oder später erliegen.

Blau blühend sticht das Sumpfvergißmeinnicht, *Myosotis palustris* aus den überwiegend gelb blühenden Sumpfpflanzen hervor. Es ist sehr blühwillig und von niedrigem Wuchs.

Ebenfalls zu den nicht sehr hoch werdenden Sumpfpflanzen gehört die Wasserminze, *Mentha aquatica* (von der man sich, frisch aufgebrüht, einen sehr aromatische Tee bereiten kann), das Wollgras, *Eriophorum angustifolium*, die Bachbunge, *Veronica beccabunga*, die Zwergbinse, *Juncus ensifolius* oder auch den Sumpfschachtelhalm, *Equisetum palustre,* der wie ein kleiner Tannenbaum aussieht.

Kommen wir zu den größeren Pflanzen der Sumpfzone wie den Rohrkolben, *Typha latifolia*, der mit seiner Wuchshöhe von bis zu 180 cm die Sumpfzone beherrscht. Wem dies zu groß und zu wuchtig ist, kann auf den kleineren Zwergrohrkolben, *Typha minima*, ausweichen, der eine Wuchshöhe von maximal 120 cm aufweist und insgesamt wesentlich zierlicher ist. Zur Vervollständigung sei gesagt, daß es noch einen weiteren, sogenannten schmalblättrigen Rohrkolben, *Typha angustifolia*, gibt, mit einem schmalen, aber langem Blütenstand.

In diesen Bereich gehört auch der große Igelkolben, *Sparganium erectum* mit seinen kastanienartigen Blütenständen.

Ebenfalls hier Zuhause ist die große Pferdebinse,

Juncus effusus. Speziell im Übergangsbereich zum Teichrand hin, wächst der Blutweiderich, *Lythrum salicaria*, mit seiner lang andauernden karminroten Blüte und der Wasserdost, *Eupatorium purpureum*, der allerdings mit bis zu 200 cm Wuchshöhe alles überragt. Als sehr wuchsfreudig, und dabei nicht zu hoch werdend, hat sich der Aufrechte Merk, *Sium erectum*, bewährt. Hier kann aus Platzgründen wirklich nur eine kleine Auswahl genannt werden. Beachten Sie vor dem Kauf vor allem die erreichbare Größe der Pflanzen und pflanzen Sie dann von Süden (niedrige Pflanzen) nach Norden (hohe Pflanzen), damit alle genügend Licht bekommen.

Hat man die Möglichkeit einen Teichüberlauf zu planen, z. B. für das Regenwasser, und ist genügend Platz vorhanden, so ist hier die Gelegenheit gegeben, in die Röhrrichtzone zu verlängern oder eine Feuchtwiese anzulegen.

Die an die Sumpfbereich sich anschließende Röhrricht oder Verlandungszone, wie sie in unterschiedlicher Ausprägung in natürlichen Gewässern vorkommt, wird nur in großen Anlagen zu verwirklichen sein. Für Folienteiche scheidet sie in ihrer typischen Besetzung mit Schilfrohr aus, da dieses mit seinen Wurzeln die Folie glatt durchbohrt.

Die Feuchtwiese ist ein weiterer, den Teichzonen folgender Bereich mit sehr interessanten Pflanzen wie dem Wiesenknöterrich, *Polygonum bistorta*, der Sumpfsiegwurz, *Gladiolus palustris*, der Schachbrettblume, *Frittilaria meleagris* oder dem Pfennigkraut, *Lysimachia nummularia*. Dies ist auch ein ausgezeichneter Standort für die Sumpfwurz, *Epipactis palustris*, einer einheimischen, grün-weißlich blühenden Orchidee, oder der Sumpfwolfsmilch, *Euphorbia palustris*.

Die Feuchtwiese muß nicht immer unter Wasser stehen, auch eine gelegentliche Überflutung ist vollkommen ausreichend. Die Pflanzen der Feuchtwiese vertragen durchaus auch kleinere Trockenperioden.

Es sei nochmals darauf hingewiesen, daß man nicht alles wahllos zusammensetzen kann, die Auswahl der Sumpf- und Wasserpflanzen muß sich immer nach den örtlichen Gegebenheiten richten. Die Natur sollte unbedingtes Vorbild sein, Anregungen liefert ein Spaziergang in Fülle.

Aber hier nochmals der Hinweis:

Keine Pflanzen der freien Natur zu entnehmen!

Viele der genannten Arten stehen außerdem unter Naturschutz.

Alle Pflanzen kann man im Handel käuflich erwerben, man muß sich nur informieren.

Biotope
Die Sumpfzone

Die Sumpfdotterblume, Caltha palustris. Blütezeit: April bis Mai. Blüte gelb. Standort: sonnig bis Halbschatten. Größe: 20–30 cm. Bildet schöne Horste.

Bild 1: Sumpfvergißmeinnicht, Myosotis palustris. Blütezeit Juni bis September. Blüte hellblau. Standort: sonnig bis Halbschatten. Größe: 30–40 cm. Sät sich selbst aus. Sehr gut wüchsig.

Bild 2: Die Wasserminze, Mentha aquatica. Blütezeit Juli bis September. Blüte rosa. Standort: sonnig bis Halbschatten. Größe: 30–50 cm.

Bild 3: Der Tannenwedel, Hippuris vulgaris. Blütezeit: Mai bis Juli. Standort: sonnig bis Halbschatten. Größe: ragt 10–20 cm über die Wasseroberfläche mit schönen, nadelartigen Blättern.

Bild 4: Pfeilkraut, schmalblättrige Form. Größe: bis 60 cm.

Sumpfzone mit Froschlöffel und Pfeilkräutern.

Biotope
Die Sumpfzone

Die Wasserschwertlilie oder Sumpfschwertlilie, Iris pseudacorus. Blütezeit: Mai bis Juni. Blüte gelb. Standort: sonnig bis Halbschatten.
Größe: 80–120 cm.

links: Der Blutweiderich, Lythrum salicaria. Blütezeit: Juni bis September. Blüte karminrot. Starker Blüher. Standort: sonnig Größe: 80-150 cm.

rechts: Der Wasserdost, Eupatorium purpureum. Blütezeit: Juli bis Oktober. Blüte rot. Standort: sonnig Größe: 150-200 cm.

links: Rohrzone mit Schilfgürtel in einem Naturteich. Im Vordergrund ein Bestand von Schwaden, Glyceria maxima.

TIERE IM UND AM NATURTEICH

Waren die ersten Kapitel dieses Buches hauptsächlich der Botanik gewidmet, unter dem Aspekt der Neuanlage eines Naturteiches und den hierfür geeigneten Wasser- und Sumpfpflanzen, so möchte ich nun näher auf das tierische Leben im und am Naturteich eingehen.

Allerdings komme ich später noch einmal auf die Pflanzengesellschaft zurück, wenn es um die Pflege des Teiches geht und um das biologische Gleichgewicht im Naturteich.

Fragt man Mitmenschen nach einem Beispiel für eine intakte Umwelt, wird die Nennung eines Gewässers, wie es ein Naturteich darstellt, oft an erster Stelle stehen.

Eine natürliche Teichlandschaft stellt wohl die komplexeste Naturlandschaft in unseren Breiten dar, mit der enormen Vielfalt an verschiedenartigem Leben wie sie nur im und am Wasser entstehen kann. Der Naturteich und seine Uferbereiche bietet vielen Tieren einen Lebensraum. Und fast alle, bis auf wenige Tiere, stellen sich mit der Zeit von selbst ein, wenn man einen Teich anlegt.

Auch hier gilt: keine Entnahme aus der Natur!

Fische im Naturteich

Im Teichen und Tümpeln leben relativ wenige Fischarten, die ich hier näher beschreiben werde. Wichtig erscheint mir noch eine zusätzliche Bemerkung. In einen Naturteich sollten nur so viel Fische eingebracht werden, daß diese mit dem natürlich vorgegebenen Futterangebot zurechtkommen. Eine Zufütterung ist bei richtigem Besatz mit Fischen unnötig und auch, wie bereits ausgeführt, vollkommen unerwünscht, ja oft schädlich für das biologische Gleichgewicht im Naturteich.

Wenn Fische eingesetzt werden, sollte man dies bedenken und sich besser noch bei einem Fachmann, oder Fachfrau, einen Rat einholen.

Im Zweifelsfall besser nur einen kleinen Schwarm von Kleinfischen einsetzen. Dies ist einmal für das bereits erwähnte Gleichgewicht im Naturteich von Vorteil und wäre außerdem auch artgerechter, was die Haltung der Fische betrifft.

Der Bitterling, *Rhodeus sericeus*, ist in ganz Europa Zuhause, mit Ausnahme von England und dem Mittelmeerraum. Er gehört zu den karpfenartigen Fischen, Cypriniden, und bleibt mit einer Größe von 6–9 cm recht klein. Bitterlinge ernähren sich von Algenaufwuchs und Kleinkrebsen und anderen kleinen Lebewesen, derer sie habhaft werden. Es ist ein farbenprächtiger kleiner Fisch, besonders in der Laichzeit, von April bis Juni, wenn die Männchen ihre prächtige Balzfärbung zeigen. Das Laichverhalten und die Aufzucht der Brut ist bei den Bitterlingen besonderes interessant, denn das Weibchen bedient sich hierzu einer lebenden Teichmuschel. So legt das Weibchen einige Eier in die Atemöffnung der Muschel. Danach erscheint das Männchen und gibt seine Samenmilch ebenfalls in die Atemöffnung der Teichmuschel. Mit dem Atemwasser, das die Teichmuschel einsaugt, werden so die Eier befruchtet und während der Entwicklungszeit von 3–4 Wochen immer mit dem notwendigen Sauerstoff versorgt. Das Männchen betreibt aktive Brutpflege und verteidigt „seine Muschel" vehement. Die jungen Bittterlinge schlüpfen in der Teichmuschel, die sie dann anschließend nach ca. 2–3 Wochen Brutzeit verlassen. Bitterlinge kommen aus diesem Grund nur da vor, wo auch Teichmuschelbestände vorhanden sind.

Die Elritze, *Phoxinus phoxinus*, ist ein typischer Schwarmfisch von 6–10 cm Größe, der kühles und klares Wasser bevorzugt. Die Elritze lebt im allgemeinen in den oberen Wasserschichten in denen sie Kleintiere und Insekten jagt. Ihre Färbung geht von Silber in grau-grün mit einem goldfarbenen Längsband in Höhe der Seitenlinie. In der Balzzeit, die von Juni bis Juli reicht, sind die Männchen prächtig gefärbt. Der Laich wird auf Sand oder Kiesbänken abgelegt. Die Elritze reagiert sehr empfindlich auf kleinste Wasserverunreinigungen und ist so ein ausgezeichneter Indikator für die Wasserqualität eines Gewässers.

Der dreistachlige Stichling, *Gasterosteus aculeatus*, ist ein Kleinfisch mit einer Größe von 5–8 cm. Er ist von olivgrüner oder blaugrauer Färbung. Charakteristisch sind die auf dem Rücken befindlichen, 2–5 bewegliche Stacheln, die ihm seinen Namen gegeben haben. Er kommt sowohl im Süßwasser wie auch im Meerwasser vor, wo er an den Küsten zu finden ist. Im Teich und in den Tümpeln lebt er von Würmern und anderem Kleingetier. Interessant ist der Stichling besonders in der Laichzeit. Die Laichfärbung des Männchens ist außergewöhnlich, grüner Rücken und rote Bauchseite. Wer die Gelegenheit hat diese interessanten Fische zu beobachten, was gar nicht so einfach ist, wird feststellen, daß das Männchen auf dem Teichgrund aus Pflanzenresten ein Nest baut, in das das Weibchen seine Eier legt und anschließend diese vom Männchen besamt werden. Ist dies geschehen, läßt das Männchen das Weibchen nicht mehr an das Nest heran, das er auch gegen durchaus größere Fische tapfer verteidigt. Die väterliche Brutpflege geht so weit, daß er auch noch die Jungfische betreut bis sie groß genug sind, um sich alleine behaupten zu können.

Tiere im und am Naturteich
Fische

Der Zwergstichling, *Pungitius pungitius*, hat eine ähnlich Lebensweise wie sein wesentlich häufiger vorkommende Genosse, der Dreistachligen Stichling. Er unterscheidet sich von diesem durch 7-12 bewegliche Stachel auf dem Rücken und ist braun-grau bis braun-grün gefärbt. Er ist mit einer Körpergröße von 5-7 cm nur unwesentlich kleiner als der dreistachlige Stichling. In der Brutzeit baut das Männchen ein Nest aus Pflanzenteilen über dem Boden und hängt es zwischen Wasserpflanzenstengel auf. Die Brutzeit dauert nur 10-20 Tage.

Die Ukelei oder Laube, *Alburnus alburnus*, mit ihren 10-15 cm Größe und ihrem silbrig glänzenden Körper und bläulich schimmernden Rückenflossen, ist ein flinker Jäger in ihrem Revier. Bevorzugt werden Insektenlarven. Die Ukelei ist ein Fisch des oberen Gewässerbereiches und lebt in kleinen Schwärmen in Teichen und Seen. Die Ukelei oder Laube ist schon ein etwas großer Fisch für den Naturteich und sollte auch nur in einen entsprechend großen Teich eingesetzt werden.

Das Moderlieschen, *Leucaspius delineatus*, ist ein kleines silbrig-braunes Fischchen mit spindelförmigem Körper, das nicht größer als 4-6 cm wird. Entlang der Seite zieht sich ein durchgehender, stahlblauer Streifen vom Kopf bis zur Schwanzflosse. Moderlieschen leben in kleinen Schwärmen und halten sich gerne am Teichboden auf, wo sie Algen abweiden und Larven und Kleintieren aller Art nachstellen. Moderlieschen lieben dicht bepflanzte und krautige Teiche. Die Flachwasserbereiche und die Sumpfzonen sind ihr Revier. Die Laichzeit ist von April bis Juni. Die Weibchen kleben mit ihrer Laichröhre die winzigen Eier in spiralförmigen Windungen an die Stengel von Wasserpflanzen. Das Männchen bewacht die Brut (10-12 Tage) bis zum Schlüpfen gegen zuviel Freßfeinde. Das Moderlieschen ist eine ideale Besetzung für einen Naturteich, aufgrund seiner geringe Größe und seiner Lebensweise.

Die Silberorfe, *Leuciscus idus*, wird oft in ihrer Zierform, als „Goldorfe", angeboten. Sie sind aufgrund ihrer Größe (bis 50 cm) und räuberischen Lebensweise nur für sehr große Teichanlagen geeignet. Orfen sind Schwarmfische, die eine Größe von bis zu 50 cm erreichen können. Die Färbung ist silbrig und am Rücken leicht rötlich. Die Orfe ist ein typischen Oberflächenfisch, der in schneller Jagd Insekten nachstellt. Sie nehmen aber auch jede andere Art von Nahrung auf, die sie im Teich finden.

Die Karausche, *Carassius carassius*, ist ein typischer Vertreter der karpfenartiger Fische, der sehr stark gründelt. Mit einer Größe von 20-30 cm ist die silbrig glänzende Karausche (manchmal auch braun-goldfarbig) absolut anspruchslos und sehr eng mit dem bekannten Goldfisch verwandt, wird aber meist nicht so groß. Sind Karauschen im Teich, wird das Wasser, wegen des Gründelns, immer etwas trüb sein. Karauschen lieben Gewässer mit dichtem Pflanzenwuchs. Sie fressen Pflanzenteile und Algen genauso wie auch Keinstlebewesen, zum Beispiel Zuckmückenlarven, die sie aus dem Bodengrund aufnehmen. Hierbei kommt es zum typischen Gründeln nach Karpfenart. Karauschen sind äußerst anpassungsfähig und vertragen auch sauerstoffarme Gewässer sehr gut.

Die Laichzeit geht von Mai bis Juni. Hierzu suchen die kleinen Fische seichte, warme Stellen in der Flachwasserzone oder im Sumpfbereich auf, um abzulaichen. Die Weibchen legen bis zu 300.000 Eier, die eine klebrige Konsistenz haben und so an Wasserpflanzen geheftet werden. Die Brutzeit selbst dauert nur 5-8 Tage, je nach Wassertemperatur.

Interessant ist, daß sich die Karausche im Winter im Bodenschlamm regelrecht eingräbt und so in eine Art Winterschlaf verfällt. Dieses Verhalten ist auch bei der Austrocknung von Kleinstgewässern zu beobachten. Dann gräbt sich die Karausche in den Bodengrund ein, um das Überleben zu sichern.

Die beiden nächsten genannten Teichbewohner sind, wie auch die Silberorfe, nur in größeren Teichen zu finden und benötigen einen entsprechend großen Raum zur Entfaltung. In kleinen Tümpeln sind sie nicht vertreten.

Das Rotauge oder auch Plötze, *Rutilus rutilus*, wird mit 20-30 cm Körperlänge schon recht groß. Auffällig ist das große rote Auge, das zur Namensgebung beigetragen hat. Ebenfalls zu den Karpfenartigen zählend, ist das Rotauge ein typischer Allesfresser das von Würmern, Kleinkrebsen und Kleinstlebewesen aller Art lebt, aber auch Pflanzenkost nicht verschmäht. Der Körper ist silbrig glänzend. Rotaugen leben in kleinen Gruppen in Teichen und Flüssen.

Die Rotfeder, *Scardinius erythophthalmus*, ist der wohl schönste einheimische karpfenartige Fisch mit einer Körperlänge von 20-30 cm, und einer silbrigen Grundfärbung mit schönen roten Flossen. Die Rotfeder ernährt sich hauptsächlich von weichen Unterwasserpflanzen und nimmt Kleinstlebewesen zusätzlich als Nahrung nur

Tiere im und am Naturteich
Fische

links: Der dreistachlige Stichling, Gasterosteus aculeatus. Ein Männchen in beginnender Balzfärbung. Größe: 5–8 cm. Photo: F. Teigler/A.C.S.

rechts: Das Moderlieschen, Leucaspius delineatus, lebt als Schwarmfisch in Teichen und Tümpeln. Größe: 4–6 cm. Photo: Archiv A.C.S.

links: Die Ukelei, Alburnus alburnus (auch Laube) bevorzugt die oberen Wasserschichten des Teichs Größe: 10–15 cm. Photo: F. Schäfer

rechts: Der Bitterling, Rhodeus sericeus, ein durch sein Brutverhalten einzigartiger Fisch. Größe: bis ca. 6 cm. Achtung, es werden viele, sehr ähnliche Arten aus Asien angeboten. Bestehen Sie bei dieser Art auf einheimische Nachzuchten. Photo: F. Teigler/A.C.S.

links: Der Schlammpeitzger, Misgurnus fossilis, ist leider sehr selten geworden. Er wird bis zu max. 30 cm lang, meist aber nur etwa 10 cm. Photo: Archiv A.C.S.

rechts: Das Rotauge, Rutilus rutilus, benannt nach den rötlichen Augen, wird auch Plötze genannt. Kommt in großen Teichen, Seen und Flüssen vor. Größe: 20–30 cm. Photo: Archiv A.C.S.

gelegentlich auf. Sie eignet sich daher zur biologischen Bekämpfung von Fadenalgen.

Damit ist die Aufzählung der mehr oder weniger geeigneten Fischarten auch schon erschöpft. Erwähnt werden soll allerdings noch der Schlammpeitzger, *Misgurnus fossilis*, eine einheimische, bis zu 30 cm lange Schmerlenart.

Man wird den Fisch zwar so gut wie nie zu Gesicht bekommen, doch ist die Art bei uns hochgradig vom Aussterben bedroht, weshalb es wünschenswert wäre, wenn mehr Teichbesitzer dem Tier ein Refugium gewähren würden. Schlammpeitzger laichen im Frühjahr zwischen Wasserpflanzen ab. Sie kümmern sich nicht um ihren Nachwuchs. Früher wurden Schlammpeitzger als Wettervorhersager gehalten. Bei Tiefdruck, wenn der Sauerstoffgehalt des Wassers sinkt, werden sie unruhig und kommen oft an die Wasseroberfläche. Dort schnappen sie Luft, der sie mit einer speziellen Darmatmung Sauerstoff entnehmen können. Achten Sie bei allen hier aufgezählten Fischarten darauf, daß es sich um die „echte" einheimische Art handelt. Viele haben Doppelgänger in Asien und Nordamerika. Entkommen solche Tiere in die freie Natur, so bedrohen sie die Bestände der ohnehin schon bedrohten, einheimischen Kleinfische. Daher dürfen auch niemals Jungtiere aus dem Gartenteich in die Natur verbracht werden!

Tiere im und am Naturteich
Wirbellose

Einige Beispiele für die Vielfalt der Kleintiere im Naturteich

oben links: die Stabwanze, Ranatra linearis, fängt ihre Beute wie eine Gottesanbeterin. Sie kann weit über Land fliegen und braucht dichte Unterwasservegetation. Länge: meist um 8 cm. Photo: Archiv A.C.S.

oben rechts: Wasserläufer (Gerris) gehören zu den ersten Tieren, die sich an einem neu angelegten Teich einfinden. Photo: F. Schäfer

mitte links: Die Teichmuschel, Anodonta cygnea, lebt im schlammigen Grund von Teichen und Stillgewässern der Flüsse. Größe bis 14 cm. Photo: Archiv A.C.S.

mitte rechts: Die Wasserassel, Assellus aquaticus, ein kleiner Detritusfresser, der in fast jedem Teich vorkommt. Photo: F. Schäfer

unten links: Die Posthornschnecke, Planorbarius corneus, mit ihren schön gedrehten Schneckenhaus, wird 4-6 cm groß. Photo: F. Schäfer

unten rechts: Die große Schlammschnecke, Lymnaea stagnalis, fehlt in keinem Gewässer. Photo: F. Schäfer

Je größer und vielfältiger bepflanzt die Flachwasserzone gestaltet wird, desto mehr Kleintiere finden sich im Laufe der Zeit hier ein.

Wirbellose Wassertiere

Wasserflöhe (Gattungen *Daphnia* und andere) und Hüpferlinge (Gattungen *Cyclops* und andere) sind winzige Krebstiere von etwa 2–4 mm Körpergröße. Ihren Namen haben diese Kleinkrebse von ihrer ruckartig-hüpfenden Fortbewegung. Die Krebschen sind durchsichtig bis braun-rot gefärbt und dienen den meisten anderen Teichbewohnern als Beute. Wasserflöhe können sich an bestimmten Tagen so explosionsartig vermehren, daß sich richtig rote Klumpen oder Wolken im Teich bilden. Wasserflöhe ernähren sich von einzelligen Algen und Bakterien und sorgen so für gute Wasserqualität und klares Wasser.

Die große Schlammschnecke, *Lymnaea stagnalis*, lebt im Teich von Pflanzenresten bzw. von faulenden Pflanzenteilen. Sie hat eine große Raspelzunge mit der sie auf Steinen, Blättern oder im Wasser befindlichen Ästen Algen abraspelt. Interessant zu beobachten ist, daß sich diese braune, relativ große Wasserschnecke (4–6 cm Gehäuselänge) unter die Wasseroberfläche hängen kann und so die Unterseite der Wasseroberfläche nach Mikroorganismen abweidet. Wasserschnecken können eine Plage werden und Wasserpflanzen stark schädigen, wenn sie überhand nehmen. Sind Fische im Teich, wird der Nachwuchs der großen Schlammschnecken kurz gehalten.

Die große Posthornschnecke, *Planorbarius corneus*, gehört zu den Tellerschnecken und wird ebenfalls 4–6 cm groß. Sie ist schwarzbraun bis gelb und das Gehäuse ist gedreht wie ein Posthorn, was ihr ein schöneres Äußeres verleiht. Die Posthornschnecke sucht vorzugsweise den Bodengrund und Pflanzenteile nach Nahrung ab. Sie ist ein großer Algenvertilger und deshalb im Teich gerne gesehen.

Die Teichmuschel, *Anodonta cygnea*, ist ca. 10–14 cm groß mit schwarz-brauner oder schwarzgrauer Färbung. Sie kommt in Teichen, Seen und Flüssen vor, wenn diese eine einwandfreie Wasserqualität aufweisen. Sie lebt im schlammigen Grund und ernährt sich von Mikroorganismen. Dabei filtert eine Muschel von 10 cm Länge etwa 40 l Wasser pro Stunde! Ein gewünschter Nebeneffekt dabei ist, daß sie den Boden auflockert, so daß weniger giftige anaerobe Fäulnisprozesse im Bodengrund entstehen können. Bei Gefahr schließt sie ihren Schalen sehr schnell. Ihr spezielles Verhältnis zu den Bitterlingen, denen sie als „Kindermädchen" behilflich ist, wurde bereits erwähnt. Man sollte nicht mehr als eine Muschel pro 1.000 l Teichwasser einsetzen, da die Larven der Muscheln parasitisch an Fischen leben. Bei zu hohem Besatz könnten die Fische sonst geschädigt werden, wogegen ein geringer Befall ohne jede Folgen bleibt.

Der Gelbrandkäfer, *Dytiscus marginalis*, ist ein ausgezeichneter Schwimmer, der immer im Teich lebt. Mit einer Größe von 4–5 cm und einem braunen Körper mit einem gelben Rand um die Hartschale ist er ein durchaus ansehnliches Tier. Die Larve des Gelbrandkäfers wird 6–8 cm groß, ist außerordentlich gefräßig und packt mit ihren Greifzangen alles was sie überwältigen kann. Auch die Käfer selbst jagen nach allem, was sich im Teich bewegt und fallen durchaus auch größere Mitbewohner an. So können sie sogar Kaulquappen und kleine Fische überwältigen. Gelbrandkäfer sind aber auch ein gutes Beispiel dafür, daß sich das Gleichgewicht von Jäger und Gejagten in der Natur meistens von selbst einstellt. Sind nämlich zu viele Käferlarven in einem Gewässer, vertilgt der Gelbrandkäfer seine eigenen Artgenossen. Insofern hat der Gelbrandkäfer seinen schlechten Ruf als „starker Räuber" zu Unrecht, denn er trägt mit seiner räuberischen Lebensweise wesentlich zum biologischen Gleichgewicht bei. Nebenbei vertilgt er auch die Larven der Stechmücken, was uns den Aufenthalt am Teich erheblich angenehmer gestaltet.

Die Wasserassel, *Asellus aquaticus*, ist so gut wie in jedem Gewässer anzutreffen. Sie lebt von absterbenden Pflanzenteilen und ist anderen Teichbewohnern gegenüber vollkommen ungefährlich und dient meist selbst als Beutetier für eine Vielzahl von Jägern.

Die Wasserspinne, *Argyroneta aquatica*, lebt wie der Gelbrandkäfer ebenfalls ganzjährig im Teich, ist jedoch sehr, sehr selten. Zum Atmen baut sie sich im Wasser eine Art Taucherglocke an einem Wasserpflanzenstengel. Mit ihrem Hinterleib durchstößt die Wasserspinne die Wasseroberfläche und nimmt so eine kleine Luftblase an ihren dichtbehaarten Körper mit zu ihrem luftigen Bau im Teich, um ihren Luftvorrat aufzufüllen. Auch der Beutefang der Wasserspinnen ist sehr interessant, webt sie doch unter Wasser ein Netz, das ebenfalls einer Glocke ähnelt, und fängt so kleine Krebstierchen oder Wasserasseln.

Der Wasserläufer, *Gerris* spec., mit seinen vier länglichen dünnen Beinen, bewegt sich ruckartig über die Wasseroberfläche, ohne dabei einzusinken. Es ist interessant, diesen Ballettänzer der Teichfauna zu beobachten, denn er fehlt an so gut wie keinem Teich.

Diese Zeilen können nur einen winzigen Bruchteil der vielfältigen Fauna im und am Teich berücksichtigen. Sie sollen dazu dienen, bei Ihnen die Lust zum eigenen Beobachten zu wecken – mehr ist hier aus Platzgründen nicht möglich.

Tiere im und am Naturteich
Libellen – Kunstflieger an Teich und Tümpel

Libellen – Kunstflieger
an Teich und Tümpel

Im Volksmund wurden die Libellen in früheren Jahren verkannt und als dämonische Lebewesen angesehen. Am Hinterleib wurde ein Stachel vermutet, der allerlei Ungemach anrichtet.

Man weiß heute schon mehr über die Kunstflieger im Insektenreich, deren charakteristisches, knisterndes Fluggeräusch man an Teichen und Tümpel vernehmen kann. Hier kann man auch beobachten, wie sie ihre Paarungstänze aufführen, oder andere Insekten in der Luft erjagen. Der vermeintliche Stachel am Hinterlaib entpuppt sich als spezialisiertes Fortpflanzungsorgan, das bei den Männchen als eine Art Greifzange ausgebildet ist, um die Weibchen festhalten zu können. Für Menschen sind Libellen vollkommen ungefährlich. Nicht so für ihre bevorzugten Beute, andere Insekten. Libellen zählen zu den ältesten und bestangepaßten Insekten überhaupt und schwirrten schon im Erdzeitalter des Karbon als riesige Fluginsekten über die damals auf der Erde ausgeprägten Sumpflandschaften. Sie haben als echte Spezialisten die Zeit überdauert. Kommen wir auf die Fortpflanzung zurück. Bei der Paarung greift das Männchen mit seiner am Hinterleib befindlichen Zange den Kopf des Weibchens. Dieses biegt seine Genitalien nach vorne zu dem Samenbehälter des Männchens im Brustbereich, den dieses vor der Paarung mit Sperma gefüllt hat. Die Paarung findet auf einem Blatt oder in der Luft statt. Interessant ist auch, daß die Männchen die Genitalien der Weibchen vor der Befruchtung regelrecht reinigen, wobei eventuell vorhandene Spermien anderer Männchen entfernt werden und so sichergestellt wird, daß nur die eigenen Gene weitergegeben werden. Oft kann man die Libellenpaare beobachten, wie sie zusammengeklammert über den Teich schwirren. Neueste Erkenntnisse von Libellenforschern zeigen jedoch, daß die Paarung an sich wohl sehr kurz ist und die Männchen die Weibchen weiterhin eine lange Zeit festhalten, wodurch sie verhindern, daß andere Männchen sich an die Weibchen anklammern können.

Die meiste Zeit ihres Lebens verbringen Libellen jedoch als Larven in den Gewässern, je nach Art, zwischen einigen Monaten und 5 Jahren. Libellenlarven sind schmutzig-braun gefärbt und ihrem Leben in den Teichen und Tümpeln hervorragend angepaßt und überaus gefräßig. Die Larven haben am Kopf sogenannte Fangmasken, die bis zu einem Drittel der Körperlänge ausmachen können und hervorschnellen, wenn sich ein anderes Wasserinsekt oder eine Kaulquappe ihr nähert. Auch untereinander sind die Larven nicht verträglich und die Großen fressen die Kleinen.

Eines Tages verläßt die Larve das Gewässer, um an einem Pflanzenstengel über die Wasseroberfläche zu krabbeln. Festgeklammert an einem Stengel oder einem Blatt, erfolgt hier die Verpuppung und aus der grau-braunen Hülle der Larve kriecht ein neuer Flugkünstler, der allerdings vor dem ersten Flug warten muß, bis die Flügel ausgehärtet sind.

Am häufigsten zu finden sind die große Mosaikjungfer, *Aeschna cyanea*, und die Schlankjungfer, *Coenagrion spec.*, an den Gewässern. Am interessantesten ist wohl die ca. 8 cm große Mosaikjungfer, die grünlich bis blau gefärbt ist. Sie ernährt sich vorwiegend von Insekten, die sie im Flug jagt. Auch als Larve lebt sie absolut räuberisch von Wasserinsekten und anderen Lebewesen des Teiches.

Ihr Lebenszyklus vom Ei bis zur fertigen Libelle dauert 3 Jahre und durchläuft ca. 10 Häutungsstadien, bis die Larve dann im Hochsommer an einem Pflanzenstengel über die Wasseroberfläche klettert und ihr Leben als Fluginsekt fortführt. Im selben Jahr beginnt die Paarung und der Kreislauf beginnt aufs Neue.

Die viel kleinere Schlankjungfer kann man schon im Frühjahr am Teich beobachten. Die Männchen sind schillernd blau und die Weibchen schillernd grün eingefärbt. Ihre Nymphen, wie die Larven auch genannt werden, bevorzugen Teichabschnitte mit dichtem Pflanzenbewuchs, wo sie sich an Pflanzenstengel anklammern.

Auf die anderen Libellenarten möchte ich hier nicht intensiv eingehen, das führte für dieses kleine Buch zu weit, aber dennoch auf einige andere Arten hinweisen.

Da wäre z. B. die grüne Mosaikjunfer, *Aeschna viridis*, die ihre Eier ausschließlich in stacheligen Blätter der Krebsscheren legt und sehr selten vorkommt; oder die an den Mooren vorkommenden Zweifleckjunfer, *Epitheca bimaculata*, und die Hochmoor-Mosaikjunfer, *Aeschna subarctica*, die klares und nährstoffarmes Wasser bevorzugen.

Libellen leiden wie viele Teichtiere unter der Zerstörung der Biotope. Die Trockenlegung von Sumpfgebieten, die direkte und indirekte Überdüngung von Gewässern durch die Landwirtschaft und die damit verbundenen Folgen machen den Teichbewohnern im Allgemeinen und den Libellen im Besonderen sehr zu schaffen. Libellen benötigen im hohen Maße einen Lebensbereich, wie ihn der Naturteich darstellt.

Tiere im und am Naturteich
Libellen – Kunstflieger an Teich und Tümpel

Die Männchen und Weibchen der Libellen sind meist unterschiedlich gefärbt. Links das Männchen, rechts das Weibchen der Heidelibelle (Sympetrum). Photos: F. Schäfer

Zwei Kleinlibellen in Paarung, dem sogenannten Paarungrsrad. Vorn das Männchen, hinten das Weibchen, das seine Geschlechtsöffnung an den Samenbehälter des Männchens preßt. Photo: F. Schäfer

links: Die Larve einer Kleinlibelle, erkenntlich an dem dreilappigen Schwanzfächer. Photo: F. Schäfer

rechts: Larve einer Großlibelle. Photo: Archiv A.C.S.

links: Ein Expemlar der prächtigen Adonislibelle (Pyrrhosoma)

rechts:Eine Mosaikjungfer (Aeschna) bei der Eiablage.

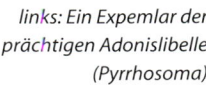

Tiere im und am Naturteich
Molche

oben: Der Teichmolch, Triturus vulgaris, ist in heimischen Gewässern weit verbreitet.
Größe: 8-10 cm.
Links das Männchen, rechts das Weibchen.

Mitte: Der Kammolch, Triturus cristatus, ist leider sehr selten geworden.
Größe: bis 18 cm.
Links Weibchen, rechts Männchen.

Photos: U. Römer

In diesem Teich finden sich alljährlich zahlreiche Teich- und Bergmolche, zum Ablaichen ein.

Amphibien am Naturteich

Was wäre ein Naturteich ohne Frösche, Molche und Kröten. Dies sind Tiere, die einfach in dieses Biotop hineingehören und geradezu die Vorzeigetiere eines Naturteiches darstellen. Deshalb möchte ich auch auf diese amphibischen Lebewesen mit ihren interessanten Lebensformen etwas näher eingehen. Sie werden es im Verlauf bemerken, ich bin ein ausgesprochener „Froschfreund" und Frösche zählen zu meinen Lieblingstieren und begeistern mich immer wieder.

Amphibien unterscheiden sich von den Fischen durch ihre Gliedmaßen, die niemals als strahlengestützte Flossen ausgebildet sind. Von den nahe verwandten Reptilien unterscheiden sie sich, außer durch die meist feuchte Haut, in erster Linie durch den Aufbau der Eier. Während Reptilieneier nämlich eine feste Schale aufweisen, und an Land abgelegt werden, fehlt den Amphibieneiern diese Struktur, die wie ein kleines Aquarium den Keimling schützt.

Somit sind Amphibien, von wenigen speziellen Ausnahmen einmal abgesehen, zur Fortpflanzung immer auf das Wasser angewiesen, wo in der Regel auch die Befruchtung stattfindet. Das wiederum ist ein weiterer Unterschied zu den übrigen landlebenden Wirbeltieren: eine innere Befruchtung durch Paarungsorgane findet nicht statt. Es gibt drei Gruppen von Amphibien. Die Schwanzlurche (Caudata), die Froschlurche (Anura oder Salientia genannt) und die Blindwühlen (Gymnophiona). Innerhalb der Amphibien sind die Froschlurche weltweit am stärksten mit etwa 3.000 Arten vertreten und die Schwanzlurche mit etwa 300 Arten. Die uns hier nicht weiter interessierenden Blindwühlen zählen nur etwa 160 Arten.

Bezüglich der Abstammung der Amphibien gibt es zwei Theorien. Die bekannteste sagt, daß sie von den Quastenflossern abstammen und eine andere hält die Lungenfische als Vorfahren der Amphibien für wahrscheinlicher. Aber dies muß hier nicht weiter vertieft werden.

Schwanzlurche

Die Schwanzlurche, Urodela, bilden die ursprünglichste Landwirbeltiergruppe überhaupt. Man kann in ihnen den Übergang vom Wassertier zum Landtier sehen. So zeigen sie immer noch das typische „schlängeln" und sie bewegen sich im allgemeinen recht langsam kriechend in ihrem Umfeld. Hierbei wird der meist walzenförmige Körper von verhältnismäßig kleinen Beinen getragen. Im Gegensatz zu den eigentlichen Kriechtieren haben Schwanzlurche keine Schuppen und besitzen eine nackte, in der Regel feuchte Haut, was ihren Bewegungsspielraum stark einschränkt auf feuchte Gebiete, um eine Austrocknung der Haut zu verhindern.

Auf unsere mitteleuropäischen Breiten bezogen gibt es zwei ökologische Gruppen: die Molche und die Salamander. Beide zählen zur Tierfamilie der Salamandridae. Die Hauptverbreitung der Schwanzlurche ist, im Gegensatz zu den später behandelten Froschlurchen, im Wesentlichen auf die kühlen Zonen der Erde beschränkt. Nur etwa zwei dutzend Arten haben es geschafft, sich den Tropengürtel der Neuen Welt zu erobern. Wie schon erwähnt, ist die Unterscheidung zwischen Molchen und Salamandern weniger eine zoologische, denn eine ökologische: Salamander leben an Land und suchen nur noch gelegentlich das Wasser zur Fortpflanzung auf, wogegen die Molche eine sehr ausgedehnte Periode im Wasser verbringen. So klar kann man aber nur in Mitteleuropa zwischen Molchen und Salamandern trennen. Andernorts sind die Übergänge fließend und eine Zuordnung zu einer der beiden Gruppen eher willkürlich.

Alle Schwanzlurche haben eine innere Befruchtung. Da ihnen Kopulationsorgane fehlen, setzen die Männchen einen Samenkegel, eine sogenannte Spermatophore, ab. Durch komplizierte Balzrituale bringt das Männchen das Weibchen dazu, über diese Spermatophore zu kriechen und sie mit ihrer Kloake aufzunehmen, wodurch die Befruchtung erfolgt. Manche Schwanzlurche, wie unsere einheimischen Molche, legen Eier, die sie einzeln in Wasserpflanzenblättern, die die Weibchen mit den Hinterbeinen zu einer Tasche falten, ablegen. Bei anderen, wie z.B. den beiden einheimischen Unterarten des Feuersalamanders, entwickeln sich die Eier im Mutterleib bis zur Schlupfreife. Die Jungtiere schlüpfen dann unmittelbar bei dem Absetzen in das Laichgewässer. Dieser Vorgang wird Ovoviviparie genannt. Wieder andere, wie z.B. der Alpensalamander oder manche südeuropäischen Unterarten des Feuersalamanders, sind hingegen rein lebendgebärend. Hierbei schlüpfen die Jungen noch im Mutterleib aus. Die Larven ernähren sich von Eiern oder kleineren Geschwistern. Schließlich werden vollentwickelte kleine Salamander geboren, die vom Wasser vollkommen unabhängig sind. Berühmt wurden die Molche vor allem durch die Tatsache, daß sie häufig Neotenie zeigen, d.h. die Tiere werden als Larve geschlechtsreif und verlassen dann auch niemals das Wasser. Der bekannteste neotenische Molch ist der mexikanische

Tiere im und am Naturteich
Molche

Axolotl. Bei den einheimischen Molchen tritt Neotenie besonders häufig beim Bergmolch auf. Beim Teichmolch, *Triturus vulgaris*, ist das Weibchen lehmfarben, das Männchen ist mit Punkten übersät und in der Laichzeit hell bis olivgrünlich, mit orangefarbener Bauchunterseite. Ferner hat es schöne, kräftig ausgebildete, gezackte Rücken- und Schwanzsäume. Teichmolche müssen zum Luftholen immer an die Oberfläche und sind sehr scheu. Teichmolche ernähren sich wie ihre nachfolgenden Verwandten von kleinen Wasserinsekten, Wasserflöhen und Würmern. Er ist der häufigste der einheimischen Molcharten. Die Art wird 10–12 cm groß und sie beginnt gleich nach ihrer Winterruhe, oft schon im Februar, in ihre dann noch sehr kalten Laichgewässer zu wandern. Erst bei Temperaturen von über 8 Grad Celsius werden sie dann im Laichgewässer aktiv. Die Weibchen legen etwa 200–300 Eier im Wasserpflanzendickicht ab, die sich bei günstigen Bedingungen innerhalb von 14 Tagen zu Larven entwickeln können. Die Larven werden bis zu 4 cm groß und tragen, wie alle Molchlarven, büschelförmige äußere Kiemen. Teichmolche sind ausgezeichnete Schwimmer und bewegen sich im Wasser, wie auch die anderen Molcharten, sehr geschickt, im Gegensatz zu ihren oft behäbigen Bewegungsabläufen an Land.

Der Kammmolch, *Triturus cristatus*, ist mit bis zu 18 cm die größte der einheimischen Molcharten und leider sehr selten geworden. Er benötigt optimale Wasserqualitäten und die oftmals überhand nehmende Überdüngung der Gewässer und ein zu großer Fischbesatz in den Teichen hat ihm stark zugesetzt. Merkmal ist der auffällige hohe gezackte und zwischen Rücken und Schwanz unterbrochene Kamm, den das Männchen in seiner aquatischen Lebensform während der Paarungszeit trägt. Die Laichzeit beginnt schon im März eines Jahres. Hierzu sucht der Kammmolch sonnige Standorte in krautigen Gewässern auf, die er nach der Paarung wieder verläßt. Das Kammmolch-Weibchen legt zwischen 100–250 Eier, die es einzeln an Blätter von Wasserpflanzen heftet. Die Molchlarven schlüpfen nach einigen Wochen und tragen die gut sichtbaren Kiemenbüschel und ernähren sich räuberisch von anderen kleinen Lebewesen im Teich. Allerdings sind sie in dieser Phase selbst Nahrung für Fische, Gelbrandkäfer und Libellenlarven. Die Larven wachsen im Teich auf und entwickeln sich hier zum Molch.

Als Landtiere ziehen sich die Molche unter Steine oder Wurzelstöcke zurück. Sie führen ein versteckten, nachtaktives Leben und fressen Würmer, Asseln und anders Kleingetier das sie überwältigen können. Daher ist es unbedingt notwendig, in der näheren Umgebung des Teiches feuchte Gebüsche mit Moosen und Farnen anzulegen, wenn man möchte, daß sich Molche dauerhaft ansiedeln. Denn schließlich müssen ja die metamorphierten Jungen und auch die Alttiere irgendwo die Landphase ihres Lebenszyklus verbringen können. Am liebsten sitzen diese Tiere dann zwischen altem, morschen Holz, das dementsprechend in ausreichender Menge an Land zur Verfügung stehen muß.

Der Bergmolch, *Triturus alpestris*, ist wohl der schönste aller einheimischen Molche. Die Oberseite ist blau, Rücken und Schwanz sind braunschwarz gefleckt. Auffallend ist die orange-gelbe Bauchpartie. Die Weibchen sind weniger auffällig gefärbt, eher oliv oder bräunlich. Der Bergmolch kommt durchaus auch im Flachland vor, kann aber bis zu einer Höhe von 3.000 m angetroffen werden.

Ebenfalls in unseren Breiten bis etwa zur Elbe, kommt der Fadenmolch, *Triturus helveticus,* vor. Er ist ein kleiner schlanker Molch mit brauner Färbung und Längsstreifen auf der Rückenpartie.

Sehr versteckt in Gewässernähe lebt der Feuersalamander, *Salamandra salamandra,* ein scheuer Geselle der unter Steinen, Wurzeln oder alten Baumstämmen lebt. Der Feuersalamander ist ein gedrungen wirkender Lurch von etwa 15 cm Gesamtlänge, mit einem breiten Kopf. Die Grundfärbung ist ein glänzendes Schwarz mit einer individuell unterschiedlich ausgeprägten variablen gelben bis orangefarbenen Zeichnung des Oberkörpers. Feuersalamander sind dämmerungsaktive Enzelgänger und durchstreifen nachts und auch an trüben regnerischen Tagen, ihr Revier. Dabei heben sie ihren Körper beim Laufen leicht vom Boden ab. Sie sind nicht gerade ausgesprochen hochaktiv, außer in der Paarungszeit auf der Suche nach einem Partner, den sie anhand des Geruchssinnes erkennen können. Feuersalamander in unseren Breiten sind eilebendgebärend (ovovivipar) und setzten voll bewegliche Larven ab. Hierzu wandert das Weibchen an ein geeignetes Gewässer, um dann nachts die etwa 20–30 mm großen Larven in ihr Element zu entlassen. Da die Tiere als Larven kühles (maximal 18°C) und sehr sauerstoffreiches Wasser benötigen, werden sie meist in Waldbächen abgesetzt. Im Gartenteich finden sie sich nur ausnahmsweise ein. Im Teich leben sie dann räuberisch von allen möglichen Kleinkrebsen, bis dann nach etwa 4-5 Monaten die Umwandlung zum Landtier, die Metamorphose, erfolgt und sie als Kleinausgaben ihrer Eltern ihr verstecktes Leben fristen. Nach 4 Jahren werden

Tiere im und am Naturteich
Molche

Der Feuersalamander, Salamandra salamandra, ist der wohl schönste der einheimischen Lurche. Größe: bis 15 cm. Photo: F. Schäfer

Für die Amphibien, die sich nur zeitweise im Wsser aufhalten, ist eine entsprechende Umgebung während der Landphase sehr wichtig. Die Aufnahme zeigt ein solches, großräumig angelegtes Sumpfgebiet, wie es sich leider nur in großen Gärten verwirklichen läßt.

Kleines Bild: Kammmolch (Triturus cristatus) in der Landtracht. Photo: F. Schäfer

sie erst geschlechtsreif. Feuersalamander fressen Spinnen, Würmer, Nacktschnecken, Asseln und anderes Kleingetier ihres Lebensraumes.

Der Feuersalamander ist wohl der auffälligste Lurch in Mitteleuropa, aber man bekommt ihn nicht so leicht zu Gesicht und es bedarf schon einer großen Portion Geduld, um ihn in seinem Revier beobachten zu können.

Es muß an dieser Stelle gesagt werden, daß jeglicher Versuch, Amphibien am Naturteich anzusiedeln, unterlassen werden muß! Entweder kommen diese Geschöpfe von alleine, oder die Umgebung ist für sie ungeeignet.

Bedenken Sie immer, daß die Tiere nur zeitweise im Wasser leben, danach brauchen sie großräumige, intakte Landlebensräume. Gibt es noch Amphibien in Ihrer Umgebung, so wären zusätzlich, neu angesiedelte Tiere nur eine Konkurrenz und zusätzliche Bedrohung der ohnehin schon stark gefährdeten Bestände – das wäre das krasse Gegenteil des von dem Naturteichbesitzer angestreben Artenschutzes. Auf gar keinen Fall dürfen ausländische Arten am Teich ausgesetzt werden. Das ist – zu Recht – strafbar. Wenn Sie der – verständlichen – Faszination der Amphibien erliegen, so halten Sie diese Tiere im Terrarium. Dort können Sie sie, ohne die Natur zu gefährden, beobachten und studieren. Nur der Vollständigkeit halber sei hier erwähnt, daß alle einheimischen Arten unter strengem Naturschutz stehen und nicht gesammelt werden dürfen.

Tiere im und am Naturteich
Froschlurche

*oben: Die Erdkröte, Bufo bufo, hat mit dem Grasfrosch die weiteste Ver-
breitung in Europa und ist nördlich bis Schweden und Südnorwegen zu finden. Größe: Männchen bis 9 cm und Weibchen bis zu 20 cm.
unten: Die Wechselkröte, Bufo viridis, ist auf Grund ihrer charakteristischen
Zeichnung und Färbung gut zu erkennen. Größe: bis 10 cm. Sie ist als
Kulturfolger aus den südosteuropäischen Steppengebieten nach Mitteleuropa gekommen und benötigt offene Teiche mit geringer Vegetation.*

*oben: Die Knoblauchkröte, Pelobates fuscus, kommt nur in Gebieten mit
lockerem, sandigen Boden vor, da sie sich tagsüber tief eingräbt. Berühmt
sind die bis zu 18 cm langen Kaulquappen dieser Art, wogegen die Kröte
selbst nur 8 cm groß wird.
unten: Diese Rotbauchunke, Bombina bombina, zeigt sehr schön den
„Unkenreflex". Dabei zeigt das an sich unauffällig gefärbte Tier bei
Belästigung seine bunte Unterseite.*

*Links im Bild eine Erdkröte,
rechts eine Knoblauch-
kröte. Die beiden Arten
sind trotz der deutschen
Bezeichnung „Kröte" nicht
sonderlich nahe miteinan-
der verwandt, sondern
gehören in unterschiedli-
che Familien.
Im umgangssprachlichen
Gebrauch sagt man meist
„Kröte" zu den eher laufen-
den Arten, und „Frosch" zu
den eher hüpfend sich
fortbewegenden Arten.*

Photos: U. Römer

Froschlurche

Besonderes Augenmerk in diesem Buch möchte ich auf die einheimischen Froschlurche, Anura, lenken. Im Gegensatz zu den vorher behandelten Schwanzlurchen besitzen diese Amphibien kräftig ausgeprägte Gliedmaßen. Auffallend ist dabei das Hinterbeinpaar, das besonders kräftig ausgebildet ist, oftmals Körperlänge erreicht und so springende Bewegungsabläufe ermöglicht. Frösche sind damit in der Lage, oft meterweite Sätze auszuführen. Die Vorderbeine dienen hauptsächlich der Abstützung und dem Laufen. Die Zehen der Hinterbeine sind oft (je nach Art) mit Schwimmhäuten verbunden. Froschlurche besitzen Schallblasen mit denen sie Rufe erzeugen können, insbesondere in der Paarungszeit kann man sie weithin hören. Ein weiteres besonderes äußerliches Merkmal sind die deutlich sichtbaren Trommelfelle am Kopf, unterhalb der Augen.

Die Froschlurche weisen eine enorme Vielfalt an Formen auf, unterliegen aber immer den gleichen Grundmustern, so daß man Froschlurche letztendlich immer als solche erkennen kann. Die Einteilung in Frösche und Kröten ist dagegen etwas willkürlich und auf die Umstände in unseren mitteleuropäischen Breiten zugeschnitten.

Im allgemeinen haben Frösche, wie schon bemerkt, relativ lange Hinterbeine was eine springende Fortbewegung ermöglicht. Kröten hingegen zeichnen sich mehr durch ein Watscheln aus, dem typischen Krötengang.

Die Haut der Kröten ist wesentlich warzenreicher als die der Frösche. Oft ist die Haut übersät mit großen Warzen, wie zum Beispiel bei der bekannten Erdkröte. Kröten sind daher oftmals in relativ trockenen Lebensräumen anzutreffen, im Gegensatz zu den Fröschen, die bis auf wenige Ausnahmen alle stärker an Lebensräume am Wasser gebunden sind. Allen gemeinsam ist, daß die Larvenentwicklung, von ganz wenigen Ausnahmen abgesehen, im Wasser stattfindet.

Bei den in natürlichen Gewässern zu findenden Froschlurch-Arten unserer mitteleuropäischen Breiten ist der Krötenlaich vom Froschlaich gut zu unterscheiden. Kröten legen ihren Laich in langen Schnüren ab, wogegen Frösche immer Laichballen absetzen. Auch bilden die Kaulquappen der Kröten, im Gegensatz zu den Froschkaulquappen, gerne kleine Schwärme und sind pechschwarz. Insofern lassen sich anhand der genannten Merkmale Frösche und Kröten, sowie deren Kaulquappen, recht gut unterscheiden. In außereuropäischen Gebieten treffen diese Kriterien allerdings nicht mehr zu. Die Larven der Froschlurche werden Kaulquappen genannt und vollziehen ihre Entwicklung bis zur Metamorphose im Wasser

Wie alle Amphibien haben sie anfangs äußere Kiemen, das heißt nach außen gekehrte Kiemenbüschel, die sich dann zu inneren Kiemen entwickeln. Später, nach der Metamorphose zum eigentlichen Frosch, atmen die Tiere mit Lungen.

Kröten und Unken

Kröten leben nicht direkt am Teich (mit Ausnahme der krötenartig aussehenden Gelb- und Rotbauchunken), benötigen aber, wie alle Amphibien mindestens eine feuchte Umgebung und für ihren Nachwuchs ein Gewässer zur Larvenentwicklung. In dem findet dann die Entwicklung zum Landtier (Metamorphose) statt. Typisch für Kröten sind neben der warzigen Haut und dem Krötengang die Ohrdrüsen hinter den Augen, die gut zu sehen sind.

Kröten wurden zu unrecht immer als häßliche Tiere im Volksmund abgetan. Man brachte sie nur mit Pech und Schwefel und Hexen in Verbindung. Das hat sich zum Glück geändert und ist einer differenzierteren Betrachtungsweise gewichen.

Beginnen wir mit den Echten Kröten. Die Erdkröte, *Bufo bufo*, lebt oft in Teichnähe und kommt erst spät abends aus ihrem Versteck – unter Wurzeln und Steinhaufen – hervor um Schnecken, Würmern, Käfern, im Grunde allem, was sie bewältigen kann, nachzustellen. Erdkröten sind nachtaktive Tiere die außerhalb der Laichzeit ihr Leben an Land verbringen. Erdkröten sind hell bis dunkelbraun gefärbt und haben ein sehr warzige Hautoberfläche. Die Männchen können bis 9 cm, und die Weibchen mancher Unterarten gar bis 20 cm groß werden. Auffallend neben der wuchtigen Gestalt und der warzigen Haut, sind die großen Ohrdrüsen hinter den Augen. Nach Einsetzen der Schneeschmelze im Februar/März, verlassen sie ihr Winterquartier, um zu ihren Laichgewässern zu kommen

Die Krötenwanderungen sind ja bekannt und an vielen Straßen werden entsprechende Vorrichtungen für die Kröten errichtet. Die Paarbildung erfolgt oft schon vor Erreichen des Gewässers und die Männchen, die immer in der Überzahl sind, kämpfen um die wenigen großen Weibchen. Die Eier werden nachts im langen Schnüren im Wasser abgelegt und an Wasserpflanzen oder Wurzelteilen im Wasser befestigt. Nach der Paarung verlassen die Erdkröten wieder das Wasser mit krabbelnden Bewegungsabläufen (kein Hüpfen wie bei den Wasserfröschen), um ihr

Tiere im und am Naturteich
Froschlurche

verstecktes Leben an Land wieder aufzunehmen. Die Kreuzkröte, *Bufo calamita*, wird 8–10 cm groß. Die Hautoberfläche ist ebenfalls warzig und braungrün/olivfarben. Erkennbar wird sie durch den gelben Rückenstrich und oftmals sind auch die Warzenoberflächen rötlich eingefärbt. Auch die Kreuzkröte lebt an Land und kommt zur Laichzeit an ihr angestammtes Laichgewässer. Da sie aber im Gegensatz zur Erdkröte sehr wärmebedürftig ist, geschieht dies nicht vor Mai eines Jahres. Dann kann man den lauten, knarrenden Ruf der Männchen in den Abend- und Nachtstunden vernehmen, den die Männchen mit voll aufgeblasener innerer Schallblase erzeugen. Der Laich wird ebenfalls nach Krötenart in Schnüren im Wasser abgelegt. Die Kreuzkröte hat sehr kurze Hinterbeine die nur kleine Schritte erlaubt. Als ein Tier, das eigentlich der südosteuropäischen Steppe entstammt, schätzt sie offene, trocken-warme Landschaften.

Die Wechselkröte, *Bufo viridis*, kann bis 13 cm groß werden, wobei die Männchen kleiner bleiben. Die Grundfärbung ist grau/braun mit olivgrünen Flecken auf der Oberseite der Körpers. Die Oberfläche der Haut ist warzig und weist auf den Warzen oft vereinzelt rötliche Flecken auf. Die Wechselkröte ist ebenfalls nachtaktiv und kommt im späten Frühjahr an das Laichgewässer. In ihrem Habitus lassen sie sich leicht mit den Kreuzkröten verwechseln und haben auch den selben Lebensraum. In der Laichzeit rufen die Männchen unverwechselbar mit einen hohen Trillerton. An Land fressen sie wie die Erdkröten alles was sie überwältigen können und leben in Erdlöchern und unter Steinen.

Die Geburtshelferkröte, *Alytes obstetricans*, gehört wie die Unken zur Familie der Scheibenzüngler und erreicht eine Größe von 4–6 cm. Die Haut ist grau bis dreckig braun, mit einer auffälligen seitlichen Warzenreihe, die von den Augen bis zu den Hinterbeinen reicht. Im Gegensatz zu den Echten Kröten besitzt sie keine Ohrdrüsen hinter den Augen. Die Tiere sind ebenfalls nachtaktiv und leben versteckt unter Wurzel und Erdlöchern. Die Laichzeit ist im Mai/Juni eines Jahres. Interessant ist die Brutpflege. Die Männchen tragen die Eierschnüre 4–6 Wochen mit sich herum und entlassen dann die schlüpfenden Kaulquappen in ein Gewässer.

Die Knoblauchkröte, *Pelobates fuscus*, ist braun/grün mit heller Zeichnung auf dem Oberkörper. Insgesamt wird sie nur 6–8 cm groß. Die Haut ist glatt mit wenigen kleinen Warzen. Die Schwimmhäute zwischen den Zehen sind ausgeprägt und am Hinterfuß befindet an der Unterseite der Zehen, an der Basis, eine Erhebung die zum Graben benutzt wird. Die Tiere sind nachtaktiv wie die meisten Kröten und gehören zur Familie der Krötenfrösche. Auffallend, sind die bis zu 10 cm großen Kaulquappen. Die Knoblauchkröte lebt an Land fast immer eingegraben und benötigt daher locker-sandigen Bodengrund.

Die Gelbbauchunke und die Rotbauchunke, *Bombina variegata* und *B. bombina*, gehören zur Familie der Scheibenzüngler und werden mit 4–5 cm nicht sehr groß. Die Oberseite des Körpers ist schmutzig-braun mit dunklen Flecken und sehr warzig ausgeprägt. Die Unterseite des Körpers ist auffällig durch ihre gelbe, orange, oder rote Färbung, die durch Flecken durchzogen ist. Den Unken fehlen ebenfalls die Ohrdrüsen der Kröten. Die Gelbbauchunken (die eher südlich und in Höhenlagen vorkommt) und Rotbauchunken (deren Verbreitung mehr Richtung Norden und in Tiefländer ausgerichtet ist) haben keine Schallblasen. Bei Gefahr, nehmen sie eine typische Schreckstellung der Unken ein, indem sie sich auf den Rücken legen und ihre farbige Unterseite schalenförmig präsentieren. So signalisieren sie den potentiellen Angreifern, daß sie ein giftiges und ätzendes Hautsekret haben und daß ihr Genuß nicht sehr schmackhaft ausfallen wird. Unken leben direkt am Gewässer, Rotbauchunken an stark bewachsenen Uferbereichen in der Sumpf- und Röhrrichtzone von Teichen und Tümpeln, Gelbbauchunken in offenen Kleinstgewässern. Hier kann man sie beobachten, wie sie mit ausgestreckten Gliedmaßen unter der Wasseroberfläche hängen. Dabei schaut nur die obere Kopfpartie mit den Augen aus dem Wasser. Bei Gefahr verschwinden sie dann mit kurzen heftigen Stößen der Hinterbeine auf den Grund in den Schlamm, wo sie aufgrund ihrer Färbung bestens getarnt sind. Zur Paarungszeit besitzen die Männchen, wie die meisten Froschlurche, sogenannte „Brunstschwielen" an den ersten drei Fingern und der Innenseite des Unterarmes. Im Frühjahr und im Sommer können mehrere Eiablagen erfolgen. Die Männchen sind in der Laichzeit, besonders abends, durch ihr relativ leises und dumpfes Rufen zu hören das sich wie „Uh…Uh….Uh…" anhört. Damit werden die Weibchen angelockt und wenn sie sich in das Revier eines Männchens begeben (je Revier ca. 50–60 cm) sofort umklammert. Die Weibchen legen jeweils ca. 80–100 Eier, die in kleinen Klumpen an großen Pflanzenstengeln, aber auch an ins Wasser reichenden Ästen oder Steinen angeheftet werden. Schon nach 8–10 Tagen schlüpfen die Kaulquappen und beginnen ihr aquatisches Leben im Teich. Bei Früh-

Tiere im und am Naturteich
Froschlurche

*Stimmungsbilder aus
Teichfroschbiotopen.*

jahrslaichern entwickeln sich im Hochsommer bis in den September hinein die Larven zu kleinen Unken. Kommt es zu einer zweiten, späteren Laichablage, so können die Larven als Kaulquappen überwintern.

Die Unken leben von Insekten und Würmern, die sie am Teich aufstöbern. Im Allgemeinen sind sie sehr wärmebedürftig und lieben sonnige Gewässer, wobei sie in kleinsten Tümpeln oder gar Pfützen existieren können.

Die Überwinterung findet sowohl am Teichgrund im Schlamm als auch an Land statt, unter Wurzeln und Steinen in frostsicheren Höhlungen.

Tiere im und am Naturteich
Froschlurche

Frösche

Auch für die Gruppierung der einheimischen Frösche gilt der Vorbehalt, daß diese Einteilung nur innerhalb Europas Geltung hat. Die weitaus meisten Froscharten leben in den Subtropen und in den Tropen mit einer hohen Artendichte. Besonders in den tropischen Gebieten der Erde ist die Vielfältigkeit der Arten, die Anpassungsfähigkeit und die damit verbundene Spezialisierung der einzelnen Arten beeindruckend.

In den nördlichen Breiten sind Frösche nicht mit sehr vielen Arten vertreten. Hier in Mitteleuropa unterscheiden wir innerhalb der Eigentlichen Fröschen der Gattung *Rana* zwischen Braun- und Grünfröschen. Hinzu kommen noch die Laubfrösche der Gattung *Hyla*. Dabei darf man „Braunfrosch" oder „Grünfrosch" durchaus nicht immer wörtlich nehmen. Frösche sind in ihrer Färbung sehr variabel und sogenannte Grünfrösche können ohne weiteres braun sein. Frösche vermögen sich ihrer Umwelt farblich anzupassen, was ihnen sicherlich beim Überleben hilft.

Braunfrösche

In Mitteleuropa finden wir drei Braunfroscharten nämlich den Grasfrosch, den Moorfrosch und den Springfrosch. Auch wenn sich die drei Braunfroscharten sehr ähnlich sind, so kommen hier doch keine Bastarde vor, wie bei den nachfolgenden Grünfröschen, was an der sogenannten Autökologie der Tiere liegt, also ihrem angeborenen Lebenszyklus innerhalb ihres Lebensraumes.

Der bekannteste und mit weitem Abstand am häufigsten anzutreffende Braunfrosch ist der Grasfrosch, *Rana temporaria*. Er wird bis zu 10 cm groß und ist hell bis dunkelbraun gefärbt mit dunklen Flecken, wobei die Unterseite des Körpers heller ist und leicht marmoriert sein kann. Die Färbung ist sehr variabel und kann der Umgebung angepaßt werden. Während der Paarungszeit haben die Männchen kräftige, dickere Unterarme und die sogenannten „Brunstschwielen" (zum Festhalten der Weibchen). Der Grasfrosch ist sehr verbreitet von der Ebene bis ins Hochgebirge und ist am besten unter allen Braunfroscharten an niedrige Temperaturen angepaßt. So ist er der einzige Frosch überhaupt, der bis zum Nordkap vorkommt.

Der Grasfrosch legt schon zur Zeit der Schneeschmelze in seinem Laichgewässer (Seen, Teichen und Tümpeln, aber auch in Wassergräben und kleinsten Wasserlöchern) seine großen (bis zu 4.000 Eier) und auffallenden Laichballen ab. Oft kann es schon im Herbst zu einer Ansammlung von Grasfröschen am Laichgewässer, das oft mit dem Geburtsgewässer indentisch ist, kommen.

Der Balzruf der Grasfrösche besteht aus eher unauffälligen Knurr- oder Grunzlauten. Während der Winterruhe entwickeln sich bei den Weibchen bereits die Eier und gleich nach der Winterruhe setzt das Laichgeschäft an sonnigen Ecken im Teich ein. Es entwickelt sich ein heftiges Treiben, bei dem die Männchen alles umklammern, dessen sie habhaft werden können. Die großen Laichballen werden dann im dichten Kraut der Sumpfpflanzen abgelegt. Die Entwicklung des Laiches dauert in der Regel ca. 3–4 Wochen , dann schlüpfen die Kaulquappen. Nach etwa 3 Monaten beginnt die Metamorphose zum amphibischen Landtier und kleine Grasfrösche verlassen massenhaft ihr Geburtsgewässer. Sie sind mit drei Jahren geschlechtsreif.

Außerhalb der Fortpflanzungsperiode und der Winterruhe leben die tag- und nachtaktiven Grasfrösche in feuchten Verstecken an Land. Grasfrösche kann man überall finden, auch in Parks oder Gärten, sie sind nicht sehr wählerisch, was ihre Umwelt betrifft und stellen geringe Ansprüche an ihren Lebensraum. Sie ernähren sich von Insekten, Würmern, Asseln und anderem Kleingetier.

Die Überwinterung findet in feuchten frostsicheren Erdlöchern oder Höhlungen, aber auch am Grund ihrer Laichgewässer statt.

Der Springfrosch, *Rana dalmatina*, erreicht eine Größe von 6–9 cm und ist insgesamt viel graziler als der Grasfrosch. Auffallend sind seine langen Hinterbeine und der bei allen Braunfröschen vorhandene, dunkle Schläfenfleck, der aber bei den Springfröschen weitaus auffälliger ausgeprägt ist. Auch ist die Kopfform wesentlich spitzer als beim Grasfrosch. Die Oberseite des Körpers ist rötlichbraun bis gelblich, mit einer insgesamt eher spärlichen Körperzeichnung, mit Ausnahme der Hinterbeine, die eine deutliche dunkle Querbänderung aufweisen. Die Unterseite des Körpers ist hellbraun. Der Springfrosch ist zum Überleben auf vegetationsreiche Laubmischwälder angewiesen und laicht im zeitigen Frühjahr in kleinen Gewässer in Waldnähe ab. Erlenbrüche, Stauungsgebiete an Waldbächen und überflutete Sumpfwiesen in Waldnähe sind sein Revier. Der Balzruf ist unauffällig und der Springfrosch besitzt keine Schallblase. Der Springfrosch ist tag- und nachtaktiv und überwintert in Erdlöchern oder unter Baumstümpfen an Land.

Anders verhält es sich mit dem Moorfrosch, *Rana arvalis*, der an offene Geländestrukturen angepaßt ist. Er wird um die 6-8 cm groß und hat eine gelblichbraune Körperoberseite mit dunklen Zeichnungsmuster. Er ist insgesamt sehr schwer vom Grasfrosch zu unterscheiden, ist aber nicht so wuchtig und besitzt eine spitzere Schnauze.

Wie der Grasfrosch besitzt der männliche Moorfrosch zur Paarungszeit kräftige Unterarme, rauhe dunkle Brunftschwielen an den Daumen und fällt durch eine schwabbelige Hautstruktur (Ansammlung von Lymphflüssigkeit, wie sie auch beim Grasfrosch zu sehen ist) auf. Einige Männchen können sich in der Laichzeit sogar blau bis hellblau verfärben.

Die großen Laichklumpen werden im zeitigen Frühjahr in meist kleine Tümpel, aber auch in großen Pfützen und Wasserlöchern abgelegt. Der Moorfrosch besitzt einen auffälligen Balzruf, der an ein lautes „Ummp" erinnert. Er lebt das ganze Jahr in der Nähe seines Laichgewässers, das in Mooren, sumpfigen Wiesen und feuchten Auwäldern liegt. Auch der Moorfrosch ist tag- und nachtaktiv und lebt von Würmern, Insekten, Käfern und anderen Kleingetier, das er mit herausgeklappter Zunge oder dem Kiefer erbeutet.

Betrachtet man die Braunfrösche im Biotop, so wird man feststellen, daß man praktisch nie eine Teich oder Tümpel findet, an dem Grasfrosch und Springfrosch oder Moorfrosch und Springfrosch gleichzeitig vorkommen. Diese Kombinationen schließen sich ökologisch aus. Die Kombination Grasfrosch und Moorfrosch in einem Biotop ist dagegen recht häufig und es kommt dann auch zu Fehlpaarungen, weil sich die Männchen an alles klammern was sich nur bewegt und eine entsprechende Größe aufweist. Allerdings verhindern unterschiedliche Spermienstrukturen, daß es letztlich zu Bastardbildungen zwischen Gras- und Moorfrosch kommt.

Grünfrösche oder Wasserfrösche

Geradezu umgekehrt ist es bei den nachfolgenden, in Mitteleuropa lebenden, Grün- oder Wasserfröschen, wo zwei Arten und ein Bastard vorkommen und die bastardisierte Art sogar zahlenmäßig am häufigsten anzutreffen ist. Offensichtlich haben sich die Arten erst vor relativ kurzer Zeit, also wenigen 10.000 Jahren, aus einem gemeinsamen Vorfahren entwickelt, als sie, z.B. durch die Eiszeit, geographisch isoliert waren. Nach dem Abschmelzen der Gletscher, als die Artareale wieder aufeinander zuwanderten und sich die Arten mischten, bestanden noch keine Kreuzungsbarrieren. Dennoch waren die Arten genetisch bereits so stabil, daß sich

eine ganz ungewöhnliche Form der Bastardisierung entwickelt hat, wie man sie sonst nur von wenigen Fisch- und Echsenarten her kennt.

Die bastardisierte Art wird als Wasserfrosch, *Rana* kl. *esculenta* geführt, wobei kl. für „klepton" steht, das griechische Wort für Dieb. Damit soll deutlich gemacht werden, daß es sich um einen Bastard handelt, denn Bastarde bekommen im Normalfall keinen wissenschaftlichen Namen. In diesem speziellen Fall ist aber aus dem Bastard so etwas wie eine eigene Art geworden. Aber ich möchte hier nicht in wissenschaftliche Details abgleiten und das ist hier auch nicht weiter von Belang.

Die Grün- oder Wasserfrösche leben ganzjährig am Wasser und fehlen praktisch in keinem Naturteich, weil sie mit einem speziellen Sinnesorgan über weite Entfernungen gezielt Gewässer aufsuchen können. Sie sind die bei uns wohl bekanntesten Amphibien, haben sich sogar einen Platz in der Literatur erobert und werden, im Gegensatz zu den Kröten, im Volksmund mit einer gewissen Sympathie betrachtet, was sich in Märchen oder Sprichwörtern niederschlägt.

Bekannt sind die ohrenbetäubenden „Froschgesänge" in warmen Frühlings oder Frühsommerabenden, die sie zur Laichzeit in Teich und See vollführen. Hier kommt es dann zu einem heftigen Quakkonzert, das die Männchen mit ihren beiden seitlichen Schallblasen erzeugen und das Tag und Nacht andauern kann.

Die Paarungszeit liegt im Spätfrühling und im Frühsommer. Der Laich der Grün- oder Wasserfrösche besitzt immer einen dunklen und einen hellen Pol, wodurch er vom Laich der Braunfrösche gut zu unterscheiden ist, der immer durchweg schwarz gefärbt ist. In der Paarungszeit umklammern die Männchen die Weibchen mit ihren Oberarmen an den Achseln, es kommt zum sogenannten Amplexus. Der Laich wird vom Weibchen in kleinen Klumpen ins Wasser ausgestoßen. So entstehen große Laichballen, die dann von den Männchen bei Ablegen des Laiches besamt werden.

Je nach Art und Größe des Weibchens können 500–1.000 Eier abgelegt werden. Die relativ kleinen Eier entwickeln sich sehr schnell und sind z.B. beim Teichfrosch schon mit 7 Tagen schlupfreif.

Ist die Larve reif zum schlüpfen, entwickelt sich ein Sekret das die Eihülle auflöst. Die frischgeschlüpften Larven machen dann noch einen unfertigen Eindruck und der Körper ist durch den vorhandenen Dottersack noch aufgetrieben. Während dieser ersten Phase nach dem Schlupf entwickeln sich die äußeren Kiemen und der kräftige Ruderschwanz. In dieser Phase des Überganges sind sie leichte und massenhafte Beute von vielen Beutejägern im Teich,

Tiere im und am Naturteich
Froschlurche

wie Gelbrandkäfern oder Libellenlarven. Die Kaulquappen bewegen sich in dieser Zeit kaum. Bereits nach wenigen Tagen bilden sich die Kiemenbüschel zurück und es bilden sich innere Kiemen. Nun erst wird die Kaulquappe richtig aktiv und wächst in ihrem Laichgewässer heran.

Als Allesfresser weiden die Kaulquappen die Algenpolster von Steinen oder Wasserpflanzen mit ihren Lippenzähnchen nach pflanzlicher und organischer Nahrung ab. Auch die Kiemenreusen sind in der Lage, feinste Partikel aus dem Wasser zu filtrieren.

Die Kaulquappen halten sich bevorzugt in den warmen Randbereichen von Teichen und Tümpeln auf. Bei den Teichfröschen erreichen sie um die 5 cm Größe und die Kaulquappen der Seefrösche können gar die doppelte Größe erreichen, ehe sie nach Amphibienart in die Metamorphose übergehen und dann als kleine Froschlurche ihr weiteres Leben beginnen. Man findet die kleinen Frösche dann oft zu Massen in Feuchtwiesen in Teichnähe. Die gesamte Entwicklung von der Larve zum Frosch dauert z. B. beim Teichfrosch 3–4 Monate. Bei den Kaulquappen kann es zu Riesenlarven kommen, die sich letztendlich nie zu Fröschen entwickeln.

Grün- oder Wasserfrösche sind tag- und nachtaktiv und leben immer direkt am und im Wasser von krautigen, meist dicht bewachsenen Teichen, Tümpeln oder Seen und in Altarmen von Flüssen, in den sogenannten „Stillgewässern". Zur Nahrungssuche gehen sie oft auch an Land in die unmittelbare Umgebung ihres Gewässers. Sie jagen Käfer, Insekten, Würmer und anderes Kleingetier dem sie habhaft werden können. Große Seefrösche vermögen auch schon mal ein kleines Wirbeltier zu erbeuten. Die Beute wird oft im Sprung oder durch plötzliches Zuschnappen überwältigt.

Die Grün- oder Wasserfrösche überwintern größtenteils in ihrem Gewässer auf dem Teichgrund, wo sie sich in den Schlamm eingraben. Hierbei verändern sie dann ihre Körperfunktionen auf das absolut notwendige Minimum, wodurch sie in einen Art „Winterschlaf" fallen. Beim Teichfrosch kann es auch zur Landüberwinterung kommen, wenn geeignete feuchte und frostsichere Areale vorhanden sind.

Frösche gehören in jeden Naturteich. Aber Vorsicht! Keine Frösche oder auch Kaulquappen fangen und einsetzten. Wie alle einheimischen Amphibien stehen sie unter strengem Artenschutz. Aber meist wandern sie nach einiger Zeit von selbst ein, oder werden z. B. durch Wasservögel übertragen, denen Laich an den Schwimmfüßen hängt.

Die Unterscheidung der Grün- oder Wasserfroscharten untereinander fällt aufgrund des bereits beschriebenen Bastardisierungkomplexes meist sehr schwer. Folgenden Arten der Grün- oder Wasserfrösche kennen wir in Mitteleuropa:

Der Wasserfrosch, *Rana* kl. *esculenta*, wird 9–12 cm groß. Der Oberkörper ist hell bis dunkelgrün oft mit streifenartiger Rückenzeichnung. Die Färbung ist sehr variable und kann unterschiedlich Flecken und Punkte aufweisen. Auch eine Gelbfärbung während der Paarungszeit wurde schon beobachtet. Die Schallblasen sind wie bei den anderen einheimischen Grün- oder Wasserfröschen paarig, seitlich angeordnet und hell-weißlich gefärbt.

In ihrem Habitus ähneln sie den nachfolgenden See- und Teichfröschen. Sie nehmen somit eine Mittelstellung zwischen diesen beiden „echten Arten" ein. Der Wasserfrosch lebt, meist mit einer der Stammformen, dem Teich- oder Seefrosch, am Gewässer zusammen und sind schwer von ihnen zu unterscheiden, speziell vom Teichfrosch.

Der Teichfrosch, *Rana lessonae*, bleibt mit 6–9 cm Körpergröße etwas kleiner als der Wasserfrosch. Die Körperoberseite kann oftmals leuchtend grün ausgeprägt sein und in der Paarungszeit sind die Männchen am Kopf häufig gelblich gefärbt. Auch ist die Haut etwas weniger warzig als beim größeren Seefrosch. Die seitlichen paarigen Schallblasen sind weißlich gefärbt. Während der Paarungszeit haben sie relativ kleine Reviere (im Gegensatz zum Seefrosch), in denen sie ausdauernd rufen können. Kopf und Schallblasen ragen dabei aus dem Wasser und sind mehrere Frösche am Teich, beginnt sofort ein Konzert in das alle einfallen.

Der Seefrosch, *Rana ridibunda*, ist mit einer Körpergröße von 12–16cm die größte der drei Grünfroscharten. Er ist insgesamt auch kräftiger und wuchtiger als die beiden vor genannten Frösche. Die Körperoberseite ist grünbraun, braun oder olivfarben und relativ warzig. Auf dem Oberkörper ist oftmals ein grüner Streifen vom Kopf bis an die Hinterbeine vorhanden und ein ausgeprägtes Ringelmuster zu sehen. Das Männchen besitzt zwei seitliche, gräuliche Schallblasen. Zu beobachten ist, daß Seefrösche oft in der oberen Wasserschicht „hängen", wobei sie die Gliedmaßen seitlich abspreizen und völlig ruhig im Teich treiben.

Während der Paarungszeit sind die Seefrösche Tag und Nacht oft weithin zu hören. Auffällig ist, neben dem typischen Froschgequake, ein keckernder und knarrender Ruf, der sich oft sehr abgehackt anhört. Dieser Ruf ist für den Nichtfachmann oft der einzige Anhaltspunkt, um die Seefrösche sicher von den anderen beiden Grünfröschen zu unterscheiden.

Tiere im und am Naturteich
Froschlurche

links: Der Grasfrosch, Rana temporaria, der am weitesten verbreiteste Froschlurch in Europa, ist bis zum Nordkap zu finden. Die Färbung ist variabel und paßt sich sehr gut seinem Umfeld an. Größe: bis 10 cm. Photo: F. Schäfer

mitte: Der Laubfrosch, Hyla arborea, ist von Natur aus wenig scheu. Hat man das Glück, daß sich solche Tiere am Teich ansiedeln, so sind sie oft auf der Terrasse oder auf Kübelpflanzen beim Sonnenbad zu beobachten. Photos: links, U. Römer, rechts, F. Schäfer

rechts: Laich vom Grasfrosch im Randbereiches eines Teiches, Anfang März. Photo: F. Schäfer

Tiere im und am Naturteich
Froschlurche

links: Der Seefrosch, Rana ridibunda, ist der größte der einheimischen Grün- oder Wasserfröschen. Seefrösche haben meist dunkle, ringförmige Flecken und sind so neben der Größe ganz gut zu erkennen. Größe: bis 15-17 cm.
rechts: Der Wasserfrosch, Rana kl. esculenta, ist der häufigste einheimische Grünfrosch. Er ist eine natürliche Hybridart.

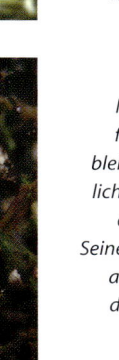

links: Der kleine Teichfrosch, Rana lessonae, bleibt insgesamt wesentlich kleiner als die beiden oben gezeigten Arten. Seine Haut ist auch glatter als beim Seefrosch und dem Wasserfrosch und nicht so warzenreich. Größe: 5-6 cm.

rechts: Grünfroschlaich.

Ein Pärchen einer südosteuropäischen Grünfroschart (Rana cf. ridibunda, Population Kreta) beim Ablaichen. Oben das Männchen. Photos: F. Schäfer

In diesem Tümpel leben Kaulquappen von Grünfröschen (große Quappen) und Wechselkröten (kleine schwarze Quappen) zusammen. Photo: F. Schäfer

Tiere im und am Naturteich
Froschlurche

Der Laubfrosch

Zum guten Schluß sei der Laubfrosch, *Hyla arborea*, genannt. Zoologisch gesehen bilden die Hylidae, genau wie die Echten Frösche Ranidae und die Kröten Bufonidae eine eigene Familie innerhalb der Froschlurche. In Europa gibt es wohl drei Arten mit Unterarten. Manche Zoologen meinen jedoch, daß es nur eine europäische Art mit einigen Unterarten gibt.

Der Verbreitungsschwerpunkt der Laubfrösche liegt aber in den Tropen mit hunderten von Arten. In Mitteleuropa finden wir nur eine Unterart *Hyla arborea arborea*, die leider durch Zersiedelung der Landschaften immer seltener wird. So ist bekannt, daß eine Laubfroschpopulation nur dann auf Dauer erhalten bleiben kann, wenn eine andere Population in Rufweite (immerhin um die 10 Kilometer) existiert. Nur so kann es zu einem genetischen Austausch kommen, auf den diese Art im besonderen Maße angewiesen ist. Der früher oft zu beobachtende Fang solcher Tiere hatte wohl, wie auch bei den anderen Fröschen, keinen Einfluß auf den Bestand gehabt. Die Haltung in kleinen sogenannten Laubfroschgläsern, am besten noch mit „Leiterchen", ist jedoch eine ausgesprochene Tierquälerei. Artgerecht lassen sich Laubfrösche nur, wenn überhaupt, in großen Freilandterrarien halten.

Der Laubfrosch wird 3–5 cm groß und ist grün oder grün-gelblich gefärbt. Allerdings ist er diesbezüglich sehr variabel und paßt sich dem Untergrund an, so daß man einen stillsitzenden Laubfrosch, auch wenn man direkt davor steht, oft nicht bemerkt. Ein besonderes äußerliches Merkmal ist der vom Auge bis zum Körperende reichende seitliche dunkle Längsstreifen. Der Kehlsack der Männchen ist rotbräunlich, bei den Weibchen weißlich gefärbt. Laubfrösche besitzen nur eine Schallblase an der Kehle. Charakteristisch sind auch die Haftscheiben an den Zehen und Fingern, die für alle Hylidae typisch sind. Laubfrösche sind gute und geschickte Kletterer, woher sie auch ihren Namen haben, und halten sich geschickt mit ihren Haftzehen und der Bauchseite an glatten Oberflächen von Blättern fest. Man findet sie tagsüber meist zusammengekauert in dichtem Gestrüpp oder in der Röhrrichtzone von Teichen und Tümpeln, aber auch auf Bäumen. Erst in der Dämmerung werden sie aktiv bis in die späte Nacht hinein. Laubfrösche sind ausgesprochen wärmeliebend und erbeuten in ihren Revieren Fluginsekten, die sie durch einen gezielten Sprung erbeuten.

Lebensraum für Laubfrösche sind feuchte, lichte Laubmischwälder und Flußauen mit Teichen und Tümpeln. Als Laichgewässer benötigen sie saubere reine Gewässer, die sie erst sehr spät im Frühjahr aufsuchen. Dann ist der laute Ruf der Männchen zu hören, der an ein „Äpp...Äpp" erinnert.

Sie treiben dann oft auch im Laichgewässer an der Oberfläche und das Konzert kann die ganze Nacht über andauern. Hierbei halten sie Reviere von um die 3 Meter oder mehr zum Nachbarn ein.

Das Weibchen sucht sich einen geeigneten Partner für die Paarung aus. Es kommt hierbei zum bereits beschriebenen, froschtypischen Klammern und die Weibchen legen kleine, etwa walnußgroße Ballen ins Wasser ab, die aus bis zu 1.000 Eiern bestehen können.

Die Kaulquappen sind dunkelgrau gefärbt mit goldfarbenen kleinen Tupfen über den Körper verteilt. Auffallend und typisch ist der sehr hohe Hautsaum, der bereits am Kopf der Larve beginnt. Die kleinen, um die 1,5–2 cm großen Jungfrösche verlassen im Hochsommer das Laichgewässer.

Laubfrösche überwintern in der Erde eingegraben in der Nähe von Teichen und Tümpeln oder Sumpfgebieten. Nach der Überwinterungsphase, die von Ende September/Anfang Oktober bis Ende März/Anfang April dauert, ziehen sie dann wieder zu ihren Laichgewässern, wo ein neuer Lebenszyklus beginnt.

Im Bezug auf seine Lebensweise und dem großen Anspruch in Bezug auf eine intakte, großflächige Landschaftstruktur ist er leider ein seltener Bewohner am Naturteich. Es sei denn, der Teich liegt zufällig genau in einem Laubfroschareal.

rechts: In solchen Lebensräumen fühlen sich viele Froscharten wohl.

Abschließende Hinweise
Algen

DAS BIOLOGISCHE GLEICHGEWICHT

In einem natürlichen Tümpel hat sich, um es stark vereinfacht auszudrücken, ein Gleichgewicht zwischen Nährstoffzufuhr und Nährstoffverbrauch eingestellt. Das Wasser ist daher in der Regel klar und sauber.

Außerdem ist ein Naturteich stark bewachsen mit Sumpf- und Wasserpflanzen. Daran erkennt man recht schnell, ob ein Gewässer in der freien Natur (oder an einem naturnah gestalteten Gartenteich) in Ordnung ist.

Viele Gartenteiche entsprechen aber leider nicht diesen Ansprüchen und sind oft nicht mehr als bessere Wasserlöcher, vielleicht noch mit ein paar Sumpfpflanzen als „Dekoration".

In der Natur kommt es leider oft zu erhöhtem Nährstoffeintrag in natürliche Gewässer, durch die Überdüngungen der Landwirtschaft und, wenn auch in abnehmender Zahl, durch Einleitungen der Industrie und Kommunen. Es hat sich aber durch die bereits erwähnte allgemeine Gesinnungsänderung in den letzten Jahren bei uns einiges zum Guten entwickelt und wenn sich bei der Landwirtschaft auch noch etwas mehr bewegt, bin ich doch recht zuversichtlich für die Zukunft.

Wenn ein neues Naturteichvorhaben ansteht, oder ein bestehender Gartenteich im Sinne eines Naturteiches umgestaltet wird, sollte man diese wichtigen Aspekte berücksichtigen.

Besonders durch ein übermäßiges Einbringen von Erde, wenn möglich gar noch gedüngter Gartenerde, in einen Teich werden mehr oder weniger große Nährstoffmengen zugeführt. Absterbende Pflanzenteile und ein eventuell vorhandener Überbesatz an Fischen tun ihr Übriges.

Ein Indikator für ein gestörtes Gleichgewicht im Teich ist ein fauliger Geruch des Wassers oder ein unkontrolliertes Wachstum an Algen, das zu wahren Algenteppichen führen kann und den Teich nach einiger Zeit nahezu erstickt.

Bei einem neuen Teich kommt es auch oft zur sogenannten „Algenblüte", die entsteht, wenn noch zu viele organische Bestandteile im Wasser schweben. Es entsteht eine grünliche Brühe aus Schwebealgen, die erst wieder verschwindet, wenn die Nährstoffe verbraucht sind. Dann klärt sich auch das Wasser.

Ist die sogenannten „Algenblüte" in der Regel nur eine temporäre Erscheinung, die man gut in den Griff bekommen kann, kommt bei einem gestörten biologischen Gleichgewicht eine andere, wesentlich hartnäckigere Algenart zum Vorschein.

Es handelt sich um Fadenalgen die im tieferen Wasser dunkelgrün, und zur Oberfläche hin hellgrün bis gelblich sind. Diese Algen bilden dichte Polster im Teich.

Man kann dann nur mit einem Rechen oder etwas ähnlichem versuchen, diese mechanisch zu entfernen. Aber Vorsicht bei Folienteichen, daß die Folie dabei nicht beschädigt wird!

Generell sind Algensporen immer im Wasser und starke Sonneneinstrahlung und auch eine hohe Temperatur im Teich begünstigt ihr Wachstum. Sind jedoch die Verhältnisse in Ordnung, das biologische System im Gleichgewicht, werden keine übermäßigen Nährstoffe – insbesondere Nitrate und Posphate – eingeleitet und ist der Teich in allen Zonen gut bepflanzt, wird es nie zu einer Algenkatastrophe kommen.

Ausreichend Sumpf- und Wasserpflanzen entziehen dem Wasser die Nährstoffe und nehmen so den Algen die Grundlage zur massenhaften Vermehrung. Pflanzen der Tiefen-, oder auch der Schwimmblattpflanzen-Zone, wie Seerose, Seekanne etc., sind hier besonders hilfreich, da sie zusätzlich den Algen auch noch das Licht vorenthalten bzw. filtern.

Von chemischer Algenbekämpfung rate ich ab, sie beinhaltet zu viele Nachteile für die gesamte Teichfauna und Teichflora. Hilfreich kann gegebenenfalls ein Torfsack sein (Achtung, kein Düngetorf) den man in die Teich hineinhängt um das Wasser „anzusäuern", daß heißt, den pH-Wert des Wassers zu senken. Das mögen Algen auch nicht so sehr.

Maßnahmen, um bei einer Neuanlage oder einer Teichumgestaltung für einen Naturteich das biologische Gleichgewicht zu fördern, sind somit:

■ Nicht zu viel Teicherde in den Naturteich einbringen, bzw. nur so viel, wie für die Pflanzen nötig ist.

■ Keinen Überbesatz mit Fischen vornehmen.

■ Keine zusätzliche Fütterung der Fische vornehmen, dies ist bei vernünftigem Besatz im Naturteich nicht notwendig.

■ Den Naturteich gut bepflanzen mit Sumpf- und Wasserpflanzen, besonders mit starken Nährstoffzehrern wie Hornkraut etc.

■ Eine optimale Teichlage gewährleisten mit ausreichend großer Flachwasser- und Sumpfzone.

■ Geduld aufbringen und dem neu angelegten Naturteich Zeit zur Entwicklung zu geben.

Nicht unerwähnt soll bleiben, daß starker Sauerstoffeintrag, z. B. durch Springbrunnen etc., den Algenwuchs fördert und das Wachstum von Sumpf- und Wasserpflanzen hemmt.

Hier liegt oft ein unerkannter Grund für starkes Algenwachstum.

Abschließende Hinweise
Algen

links: Dichte Polster der Fadenalgen können einen Teich zum „ersticken" bringen und müssen entfernt werden.

rechts: Wasserlinsen sind nicht weiter gefährlich, solange sie nicht überhand nehmen.

unten: Nicht mit Wasserlinsen sollte man den Frühlingswasserstern verwechseln, der seine zierlich Schwimmblätter oft flächendeckend ausbreitet.

Ausblick
Natürliche Teichlandschaften

DIE PFLEGE DES NATURTEICHES

Ein naturnah angelegter Teich ist normalerweise sehr pflegeleicht. Je größer die Wasseroberfläche, desto stabiler wird das biologische Gleichgewicht sein, das ja für den Selbstreinigungseffekt verantwortlich ist. Im Laufe des Frühjahres, des Sommers und auch des Herbstes, beschränkt sich der Pflegeaufwand meist nur auf das Entfernen von abgestorbenen Pflanzenteilen – soweit dies überhaupt notwendig wird – und auf die Beobachtung, ob Algenwachstum feststellbar ist.

Anders im Spätherbst und dem frühen Winter. Dies ist die Zeit, um Pflegemaßnahmen vorzunehmen.

Man sollte zumindest in den ersten Jahren einer Naturteich-Anlage darauf achten, daß einzelne Sumpf- und Wasserpflanzenarten nicht andere überwuchern, um der vielschichtigen Pflanzengesellschaft Gelegenheit zum Wachstum zu geben. Später, wenn alle Pflanzen gut angegangen sind, kann dies auf ein notwendiges Maß reduziert werden, bzw. ist es nicht mehr erforderlich.

Sind Bäume in Teichnähe, wird es nötig sein, übermäßige Mengen von Laub aus dem Teich zu entfernen.

Dies darf nur im Spätherbst und Frühwinter erfolgen, um die Frühlaicher, wie Grasfrosch oder Molche, nicht zu stören.

Die Reinigung von Laub sollte so sanft wie möglich erfolgen, um die sensible Teichfauna nicht zu stören.

Wenn sich eine Eisschicht gebildet hat, darf diese nicht aufgeschlagen werden, um die Fische und andere Teichlebewesen nicht zu erschrecken oder durch die Druckwellen zu schädigen. Fische reduzieren ihren Stoffwechsel erheblich bei kalten Wassertemperaturen und würden durch die Störung unnötig gezwungen, diesen wieder zu erhöhen, was schädlich für die Fische wäre. Es ist auch nicht nötig, da der notwendige Gasaustausch durch abgestorbene Pflanzenstengel erfolgt, wenn der Teich entsprechend gut bepflanzt ist. Deshalb sollte man auch absterbende Pflanzenteile wie Rohrkolben etc. nicht bis unter die Wasseroberfläche abschneiden. Auch der Einsatz von Pumpen oder Belüftern im Winter ist absolut unnötig, ja sogar schädlich und deren Einsatz hat im Naturteich keine Berechtigung.

Die Lebewesen im Teich fallen in eine Art Winterschlaf. Im Winter liegen die Wassertemperaturen in unseren Breiten bei etwa 0–4°C. Die Amphibien haben sich im Schlamm eingegraben und die Fische bereits ihren Stoffwechsel abgesenkt. Sauerstoff wird durch die auch im Winter aktiven Wasserpflanzen der Tiefen oder Tauchpflanzenzone weiterhin produziert. Eine sinnvolle Maßnahme bei starkem Schneefall kann es daher sein, die Eisschicht auf dem Teich mit einem Besen vom Schnee zu befreien, so daß das zur Photosynthese nötige Licht in die Tiefe gelangen kann. Im tieferen Wasser bildet sich unten eine wärmere Wasserschicht von um die 4°C, während bei Frost in der oberen Wasserschicht eine Wassertemperatur von um die 0°C herrscht.

Setzt man nun Pumpen ein, würde man kälteres Wasser nach unten bringen mit dem Effekt, daß einige Lebewesen geradezu erfrieren durch die Umschichtung der relativ warmen Wasserschicht. Schwimmpflanzen dürfen auf keinen Fall entfernt werden. Viele von ihnen entwickeln Winterformen, sogenannte Hibernakel, die auf den Teichgrund fallen und aus denen sich im Frühjahr wieder Leben regt.

Grundsätzlich sollte man in einem Naturteich die Pflegemaßnahmen nur auf das Allernotwendigste reduzieren und es nicht übertreiben. Das ist sicher besser, als ständig in das Biotop einzugreifen.

Literaturtips:

Sparte Gartenteich
Baensch, Hans A. & Paffrath, Kurt & Seegers, Lothar; 1992, Gartenteich Atlas. Melle.
Franke, Wolfgang; 1990. Faszination Gartenteich. München.
Frickhinger, Karl Albert; 1992. Wohnbiotop Garten, Band I, Anlage und Pflege. Melle.
 - **ders.;** 1992 Wohnbiotop Garten, Band II, Die Pflanzen. Melle.
 - **ders.;** 1992. Wohnbiotop Garten, Band III, Die Tiere. Melle.
Herkner, Hugo; BLV Gartenberater, Rund um den Wassergarten, Gestaltung und Pflege – Pflanzen und Tiere. München.
Paul, Anthony & Rees, Yvonne; 1986, 1987. Der Wassergarten – Wie man ihn anlegt, bepflanzt und pflegt. London, München.
Sikora, Horst; 1980 Gartenteiche und Wasserspiele planen, anlegen und pflegen. Niedernhausen
Stadelmann, Peter; 1992, Der Bach im Garten. München.
Wieser, Karl-Heinz; Neue Gartenteichpraxis. Melle.

Sparte Pflanzen
Rothmaler, Werner (Herausg.); 1984. Exkursionsflora für die Gebiete der DDR und der BRD. Bd. 2: Gefäßpflanzen. 12. Aufl., Berlin.
Runge, Fritz; 1986. Die Pflanzengesellschaften Mitteleuropas. 8./9. Aufl., Münster.
Schmeil, Otto & Jost Fitschen; 1962. Flora von Deutschland. 75. Aufl., Heidelberg.

Sparte Niedere Tiere
Engelhardt, Wolfgang; 1989. Was lebt in Tümpel, Bach und Weiher? Stuttgart.

Sparte Amphibien & Reptilien
Diesener, G. & J. Reichholf; 1985. Die farbigen Naturführer: Lurche und Kriechtiere, München.
Günther, Rainer; 1990. Die Wasserfrösche Europas. Wittenberg-Lutherstadt.
Nöllert, Andreas & Christel Nöllert; 1992. Die Amphibien Europas. Stuttgart.

Ausblick
Mit der Natur leben - nicht gegen sie!

Auf originelle Art hat Gert Walter aus Graz den Wunsch nach einem Swimming-Pool und einem Naturteich miteinander verbunden. Die beiden nebenstehenden Photos zeigen seinen „Natur-Badeteich" aus verschiedenen Blickwinkeln. Ein wunderschönes Beispiel dafür, daß sich auch die verschiedenartigsten Wunschvorstellungen im Einklang mit der Natur verwirklichen lassen.

Photos: Gert Walter

ISBN: 3-931702-68-5   ISBN: 3-931702-40-5   ISBN: 3-931702-38-3   ISBN: 3-931702-33-2

ISBN: 3-931702-42-1   ISBN: 3-931702-52-9   ISBN: 3-931702-46-4   ISBN: 3-931702-50-2